勉強ができる子は何が違うのか

榎本博明 Enomoto Hiroaki

★――ちくまプリマー新書

439

目次 ＊ Contents

挿絵　きじまももこ

はじめに

「勉強ができるようになりたい」

それは、学校に通う年頃なら、だれもが思うことなのではないか。

もちろん、勉強よりスポーツができるようになりたいという人や、勉強より楽器演奏ができるようになりたいという人もいるだろう。勉強ができる子よりも友だちから人気のある子になりたいという人もいるかもしれない。

でも、わざわざ勉強ができない子になりたいとは思わないだろう。何に価値を置くかは人それぞれだが、可能なら勉強もできるようになりたいという思いは、だれもが抱えているはずだ。

僕は、小学生の頃、勉強にあまり価値を置いていなかった。遊んでいる方がずっと楽しいといった感じで過ごしていた。当然ながら、成績はけっして良くなかった。そんな僕でも、同じクラスの勉強ができる子たちに対して、「すごいなあ、なんであんなにできるんだろう?」と不思議に思ったりしたものだ。

この本を読み始めた人の中にも、周囲の勉強ができる子に対して、「なんであんなによくできるんだろう?」「自分と何が違うんだろう?」と疑問に思う人が少なくないはずだ。

自らこのような本を読もうとするくらいだから、逆に周囲の勉強があまりできない子に対して、「なんでできないんだろう?」「自分とどこが違うんだろう?」と不思議に思っている人もいるかもしれない。

いずれにしても、なぜ勉強ができたりできなかったりするのかは、とても興味深いテーマなのではないか。

中学に入るまで成績がパッとしなかった僕も、いつの間にかコツをつかんで勉強ができるようになった。さらには、教育心理学を専門にすることで、どうしたら勉強ができるようになるのか、勉強ができる子とできない子は何が違うのかという問題に関するさまざまな知見に接し、「なるほど!」と納得することもあれば、「そうかなあ?」と疑問に思うこともあり、いろいろと調べながら考えてきた。

そのような立場から、この本では、勉強ができる子とあまりできない子の違いはどこにあるのか、どうしたら勉強ができるようになるのか、といったことについて考えていきたい。

その際、知的能力を意味する認知能力の他に、最近教育界で注目されている非認知能力、さらには今後注目されるであろうメタ認知能力を取り上げることにする。勉強に関連する三つの能力の側面から、勉強ができるようになるためのヒントを示すことにしたい。

第一章　成績の良い子と悪い子、何が違うのか？

能力が同じでも、それを活かせる子と活かせない子がいる

勉強ができるようになりたいというとき、まず頭に浮かぶのは学校の成績だ。でも、成績というのは学んだ成果をあらわすものにすぎない。成績の背後で働き、それを大きく左右するのが学ぶ力である。いわば、成績を生み出す元になる力だ。

勉強ができるようになるために大切なのは、この学ぶ力をしっかりと身につけることである。学ぶ力が身につけば、学んだ成果としての成績も自然に上がっていく。

このように言うと、「それって知能のことでしょ。知能は遺伝で決まってるんだから、今さらそれが大事だなんて言われても困るよ。自分にはどうにもできないんだから」などと言う人もいる。でも、その考え方は二つの意味で間違っている。

まず第一点として、知能に遺伝要因が深く関係しているのは否定できないが、最新の研究データをみても、知能には遺伝要因と環境要因がほぼ半々の割合で関与していること

とがわかっている。つまり、知能の五割は遺伝要因で決まっても、残りの五割は環境要因で決まっていく。ということは、自分にはどうにもできないものなどではないのである。

さらに第二の点として、知能がそのまま学業成績に直結しているわけではないということがある。

知能が高いのに学力がそれほど高くない子がいるが、それをアンダーアチーバーという。その反対に、知能はそれほど高くないのに学力が高い子もいて、それをオーバーアチーバーという。勉強ができるかどうかは知能の問題だと思われがちだが、アンダーアチーバーやオーバーアチーバーがいること自体、知能が学業成績にそのままつながるわけではないことを示している。

そこで浮上してくるのが、学ぶ力の重要性である。学ぶ力を身につければ潜在能力を十分発揮できるけれども、学ぶ力が身についていないと潜在能力の大部分が埋もれたままになってしまう。では、学ぶ力というのは、具体的にどのようなものなのだろうか。

この本では、それを認知能力、非認知能力、メタ認知能力という三つの側面から考えていきたい。

最近注目されている非認知能力とは？

教科書を読んで新たな内容を学習する際には、まず文章の意味を読解する必要がある。さらには、すでにもっている知識を用いて、新しい内容を理解する必要がある。たとえば、はじめて掛け算を学ぶ際には、足し算を応用し、五×三は五を三つ足すのと同じだというように理解する。

でも、このように文章を読解したり既存の知識を引き出して用いたりする知的活動以外の要因が、じつは勉強ができるようになるかどうかに深く関係することがわかってきた。そこで最近教育界で注目されているのが非認知能力だ。

労働経済学に関する業績で二〇〇〇年にノーベル賞を受賞した経済学者ヘックマンは、幼児期における教育の効果に関する研究データをもとに、幼児期にとくに重要なのは、認知能力（いわゆるIQで測られるような知的能力）を身につけることではなく、非認知能力を身につけることだと結論づけた。

非認知能力というのは、自分をやる気にさせる力や忍耐強く物事に取り組む力、集中力、我慢する力、自分の感情をコントロールする力など、学力のような知的能力に直接含まれない能力のことである。

それは、心理学者のサロヴェイとメイヤーが概念化し、ゴールマンにより一般に広められた情動知能に相当するものである。ゴールマンの『情動知能』という本は、日本では『ＥＱ　こころの知能指数』として翻訳出版され、ＥＱという言葉が一気に広まり、企業などの採用試験でもＥＱが重視されるようになった。では、情動知能あるいは非認知能力とはどのようなものなのか。つぎのようなゴールマンの説明で、もう少し具体的につかめるのではないか。

「知能を狭義にとらえたのでは、『子供たちが人生をよりよく生きていくために大人は何をしてやれるか』、あるいは『ＩＱの高い人が必ずしも成功せず平均的なＩＱの人が大成功したりする背景にはどのような要因が働いているのだろうか』といった疑問はわいてこない。人間の能力の差は、自制、熱意、忍耐、意欲などを含めたこころの知能指数（ＥＱ）による、と私は考えている。ＥＱは、教育可能だ。ＥＱを高めることによって、子供たちは持って生まれたＩＱをより豊かに発揮することができる。

（中略）

こころの知能指数とは、自分自身を動機づけ、挫折してもしぶとくがんばれる能力のことだ。衝動をコントロールし、快楽をがまんできる能力のことだ。自分の気分をうまく整え、感情の乱れに思考力を阻害されない能力のことだ。他人に共感でき、希望を維持できる能力のことだ。」（ゴールマン　土屋京子（訳）『ＥＱ　こころの知能指数』講談社）

勉強ができるようになるには知的能力を高めることが大事だと言われ、知的能力の開発を重視した早期教育が盛んに行われているが、たとえ一時的に効果がみられたとしても、長い目で見るとほとんど効果がみられなかったりする。

たとえば、みんなより早い時期から勉強して、知識をたくさん詰め込めば、友だちがまだ字が読めないのに、読めるどころか字が書けたり、友だちが計算などできないのに足し算や引き算ができたりする。

でも、多くの場合、いずれ周囲のみんなも字を読んだり書いたりできるようになり、計算もできるようになる。そうなると、結局みんなに追いつかれ、差がなくなってしまう。

差がなくなるだけならよいが、早い時期から勉強をする代わりに、遊びや家庭のしつけを通して忍耐力や集中力、我慢する力などを身につけてきた子に学力で逆転され、さらには差をつけられてしまうことさえある。

これはけっして幼児期だけの問題ではない。小学生であろうと中学生や高校生であろうと、このような非認知能力を高めないとなかなか勉強ができるようにはならない。いくら知的能力が高くても、やる気や忍耐力がなければ学力は向上せず、その成果としての成績も良くならないだろう。たとえば、宿題をやったり復習をしたりしていて、わからないことが多くて嫌になるようなとき、何とかわかるようになりたいと粘る子と、もう嫌だと投げ出す子では、その後の成績に大きな差がつくはずだ。

あるいは、知的能力がたとえ同じであっても、我慢する力があるかどうか、いわば衝動をコントロールすることができるかどうかで、成績に大きな差がつくはずだ。たとえば、我慢する力があれば、見たいテレビがあったり、友だちから遊びに誘われたりしても、そうした誘惑に負けずに試験の準備勉強ができるだろうが、我慢する力が弱ければ、誘惑に負けて準備勉強をさぼってしまうだろう。

このような非認知能力は、勉強する際の頭の使い方そのものではないけれども、勉強ができるようになるかどうかに大きく影響する要因と言ってよい。

非認知能力を高められるかどうかで将来が違ってくる

非認知能力の中核をなすのは自己コントロール力であるが、自己コントロール力についての研究の原点とみなすことができるのが、心理学者ミシェルたちの満足遅延課題を用いた実験である。

それは、マシュマロ・テストとも呼ばれ、子どもにマシュマロを見せて、今すぐ食べるなら一個あげるが、研究者がいったん席を外して戻るまで待てたら二個あげると告げ、待つことができるか、それとも待てずに食べてしまうかを試すものである。

これは、より大きな目標のために欲求充足を先延ばしできるかどうかをみるための実験と言える。

ミシェルたちは、保育園児五五〇人以上にマシュマロ・テストを実施し、その子たちが青年期、成人初期や中年期になったときにも追跡調査を行っている。

その結果、幼児期により大きな満足のために欲求充足を延期することができた者は、一〇年後の青年期には、欲求不満に陥るような状況でも強い自制心を示し、誘惑に負けることが少なく、集中すべき場面では気が散らずに集中でき、ストレスにさらされても取り乱さずに建設的な行動をとりやすいことがわかった。

さらに、二〇代後半になったときも、長期的目標を達成するのが得意で、危険な薬物には手を出さず、高学歴を手に入れ、肥満指数が低く、対人関係もうまくやっていくことができるというように、自己コントロールがきちんとできていることが確認された。

その後の追跡調査をみると、四〇年後の中年期になっても、相変わらず高い自己コントロール力を維持していた。

このように、四〜五歳の幼児期に欲求充足を先延ばしできるかどうかで、一〇年後や二〇年後、さらには四〇年後の自己コントロール力を予測することができ、それによって学業・仕事や人間関係を含め社会でうまくやっていけるかどうかを予測できることが示されたのである。

その後も、就学前の自己コントロール力が高い者ほど、一〇年後に学業的にも社会的にも成功していることが示されたり、三〇年後に収入面でも健康面でも成功しており薬物依存や犯罪も少ないことが示されたりしている。

幼児期に戻って自己コントロール力を鍛えるわけにもいかないし、今さら言われてもどうしようもないと思うかもしれない。しかし、幼児期に限らず、中学生を対象とした調査研究でも、自己コントロール力の向上がその後の学業成績の向上につながっていくことが確認されている。詳しくは第二章で説明することにしたい。

学習効果を大きく左右するメタ認知

勉強ができる子はよく勉強しているからできるのだろうと思うかもしれない。もちろん、非認知能力が高く、忍耐強さや集中力を発揮して学習活動に取り組んでいるということはあるかもしれない。でも、それだけではない。

ひと言で言えば、効果的に勉強するためのコツをつかんでいるのだ。そのコツとは何か。それがメタ認知の活用である。

メタ認知とは、認知についての認知である。そのような抽象的な言い方をしてもよくわからないと思うので、具体的な事例を示すことにしたい。

たとえば、教科書や参考書を読むのは認知の働きなのに対して、読みながら自分がちゃんと理解できているかどうかをモニターするのがメタ認知の働きである。

授業中に先生の解説を聴くのは認知の働きなのに対して、聴きながら自分がちゃんと理解できているかどうかをモニターするのがメタ認知の働きである。

文章を読んで理解しようとするのは認知の働きなのに対して、自分の理解が適切かどうかをチェックするのがメタ認知の働きである。

問題を解くのは認知の働きなのに対して、この解き方で間違っていないかをチェックするのがメタ認知の働きである。

どんな教科にしろ、学ぶべき内容を理解するのは認知の働きなのに対して、どうすれば理解しやすいかを考えて工夫するのがメタ認知の働きである。

頭に入れるべき大事な内容を記憶するのは認知の働きなのに対して、ちゃんと頭に入っているかをチェックしたり、どうすれば記憶しやすいかを考えて工夫したりするのがメタ認知の働きである。

このように、勉強場面で言えば、学習活動そのものが認知の働きとすると、効果的な学習活動になっているかどうかをモニターしたり、どうしたらより効果的な学習活動になるかを考えて工夫したりするのがメタ認知の働きということになる。

勉強ができる子は、このようなメタ認知が自然にできているものである。さらには、このようなモニター的なメタ認知を働かすだけでなく、モニターの結果に基づいて学習活動を調整すべくメタ認知を働かす。

たとえば、授業中によくわからないことがあるときは、手をあげて質問したり、授業が終った後で先生を追いかけて質問したり、よくできる友だちに確認したりする。

つまり、ちゃんとついていけているかをモニターしながら授業を聴き、どうもきちんと理解できていないなと思ったり、このままではまずいと思ったりすれば、改善するための対処行動を取る。それによって理解が進み、成績が良くなっていく。

一方、成績が思わしくない子の場合は、授業中によくわからなくても、自分の理解度をあまり振り返らない。どこがわからないのか、どんなふうにわからないのかをはっきりつかもうという姿勢がない。もちろん学習への取り組み姿勢は人それぞれだが、メタ認知を働かすということがあまりない。そのため、よくわからないままに授業が進んでいくので、成績が低迷しがちである。

このようにメタ認知は学習効果を大きく左右する要因と言えるが、具体的なメタ認知のあれこれについては第三章で詳しくみていくことにする。

認知能力の基礎となる語彙力と読解力

勉強ができるようになるには、非認知能力やメタ認知能力を鍛えておく必要があることがわかったと思うが、もうひとつ大切なのが認知能力を鍛えておくことである。

ここで目を向けてほしいのが、人間は言葉でものを考えるということだ。

授業中や試験問題を解いているときも、家で教科書やノート、参考書などを読みながら宿題をするときも、頭の中を言葉が駆けめぐっているはずだ。

頭の中を言葉が駆けめぐるのは、何も勉強しているときに限らない。

テレビでサスペンス・ドラマを見て楽しんでいるときも、「犯人はだれだろう?」「こ

の人物が怪しいな」などといった言葉が浮かんでいるはずだ。犯人がだれだかわかってからも、「なぜそんな犯行に及んだんだろう?」「そんな事情があったのか。かわいそうだな」などといった言葉が頭の中を駆けめぐる。犯人が逮捕された後も、「殺された人物の方がずっと悪人なんだから、この犯人を捕まえて罰するのはどうも釈然としないなあ」などといった言葉が浮かび、どうもスッキリしない。そんな具合に、テレビを見ているときも、言葉で考えながら楽しんでいるのである。

友だちとおしゃべりを楽しむときも、口に出す言葉だけでなく、「すごく楽しいなあ」「この話題、出しても大丈夫かな?」「自分ばかりしゃべりすぎてないかな?」「あの子、ほとんどしゃべらないけど、どうしたんだろう? 元気ないな」「あの子、絶好調だな」「なんか空気が変だけど、場違いなこと言っちゃったかな?」などと、絶えず頭の中を言葉が駆けめぐっているはずだ。

このように何をしているときも言葉でものを考えているのである。そこでわかるのは、言葉の力がとても大切になるということだ。

友だちから悩み事の相談を受けたときなども、友だちの言うことをちゃんと理解できるかどうかは読解力にかかっている。友だちの話すことを正確に理解できるかどうかは、文章を要約したり著者の言いたいことを汲《く》み取ったりする国語の問題が解けるかどうかと同じである。読解力が鍛えられていれば、友だちの言うことも国語の問題文もきちんと理解できるが、読解力が乏しいと、どちらもよく理解できない。

さらには、言葉を豊かにもっていれば、「こういう感じなのかな？」「こういうことかもしれないな」と相手の言葉からその気持ちを推測する際に、さまざまな言葉を駆使して、非常に繊細に思いをめぐらすことができる。だが、言葉が乏しいと、適切な表現が思い浮かばないため、「いったいどういうことなんだろう」と戸惑うばかりで、なかなか相手の気持ちを推測することができない。つまり、語彙が豊かかどうかで、相手の気持ちをうまく推測できるかどうかが決まってくる。

このように何を考えるにも語彙力や読解力といった認知能力が必要なのである。ましてや勉強する際には、当然頭を使う必要があり、頭を使うというのは頭の中を言葉が駆けめぐることであり、語彙力や読解力が問われるのである。つまり、語彙力や読解力が学力の基礎となる。

教科書や参考書に書いてあることを理解するにも、授業中の先生の解説を理解するにも、語彙力や読解力が必要となるが、最近は言葉だけでは理解できない子どもや若者が多いため、図解がよく用いられる。

授業の教材や補助教材で図解が多くなっているのも、文章だけではなかなか理解できない子どもや若者が多くなってきたからだ。

でも、こうした風潮がはらむ問題は、見るだけでわかる図解ばかりの教材に慣れてしまうと、文章を読解する認知能力が鍛えられないというところにある。学校では、わかりやすいからといって図解の教材を多用しがちだが、そうした教材に慣れてしまうと、文章を読んだだけではよくわからない、先生の解説を言葉だけで聴いてもよくわからないというようなことになってしまう。読解力が鍛えられていないのだ。

実際、中学や高校でそのような教材で学び、さらには文字だけの本を読むということがあまりなかったのか、語彙力や読解力の乏しい大学生が増えているのを授業をしていて感じる。やる気のない学生はいつの時代もいるものだが、まじめに授業に集中している学生までが、

「何が大事かわからないので、大事なことは字を大きくしたり、色を変えたりしてください」

「口頭の説明では影響関係がよくわからないから、矢印で結んでもらえますか」

などと言ってくるのだ。どういうことなのかと思い、事情を訊《き》くと、パワーポイントを使う多くの授業では、大事なことは字が大きく、太字にしたり色を変えたりしてあるから、何が大事かすぐわかるし、影響関係も矢印で結んであるからよくわかるのだという。

教材もすべてが図解というわけではないし、試験問題も図解してあるわけではない。字の大きさが同じだったり色が同じだったりすると何が大事かわからず、図解されないと話の流れがつかめないというのでは、どんな科目の勉強もなかなかうまくいかないのではないかと心配になる。

日頃から読書をしているか?

教科書を理解するにも、先生の解説を理解するにも、語彙力や読解力が必要だが、語彙力や読解力を高めるのに有効なのが読書である。読書というのは楽しみのためにするものだが、それによって学力の基礎となる語彙力や読解力が高まるなら、楽しみながら学力が身につくので、一挙両得のようにも思える。

では、ほんとうに読書に語彙力や読解力を高める効果があるのだろうか。

読書と語彙力の関係については、多くの調査研究が行われており、就学前の幼児を対象とした調査研究、小学生を対象とした調査研究、中学生や高校生を対象とした調査研究、大学生や大学院生を対象とした調査研究、どれをみても読書量が多いほど語彙力が高いといった傾向が一貫して示されている。

これは、考えてみれば当り前だろう。読書というのは、多くの言葉に触れることでもある。読書によって多くの言葉に触れている子と、読書をあまりせず日常の会話以外の言葉に触れる機会の少ない子では、獲得している言葉の数が違うのも当然と言える。読書習慣がある子と、ほとんど読書をしない子では、語彙力の差がどんどん拡大していく。

文章を理解するには語彙力とともに読解力も求められるが、読解力に関しても、読書量が多いほど読解力が高いということが、多くの調査研究によって示されている。

心理学者の猪原敬介《いのはらけいすけ》たちは、小学校一年生から六年生までの児童を対象に、読書量と語彙力・読解力の関係についての調査研究を行っている。その結果、読書時間や読書冊数、学校の図書室からの図書貸出数などから測る読書量が多いほど、語彙力も読解力も高いことが示された。

言語学者の澤崎宏一《さわさきこういち》は、大学生を対象として、読書習慣と読解力の関係についての調査研究を行っている。その結果、子どもの頃から現在までの総読書量が文章理解力と関係していることがわかった。さらに、高校時代や大学時代の読書量より、小中学校時代の読書量の方が、大学生になったときの読解力に強く関係していることを見出《みいだ》している。

こうしてみると、読書には認知能力を高める効果があり、日頃から読書をしていることが学力向上のためにも大切だとわかる。

第二章　やる気も粘りも非認知能力しだい

目の前の欲しいものを我慢できるか？

非認知能力の中核とみなされる自己コントロール力についての実験の原点と言えるマシュマロ・テストについては、第一章ですでに紹介したので思い出してほしい。

それは、マシュマロを目の前に一つ出し、研究者が戻ってくるまで食べずに待てれば二つあげるが、待てずに食べてしまったらその一つしかもらえないと告げ、子どもが二つもらえるように待てるか、それとも我慢できずに食べてしまうかを試す実験である。満足遅延課題とも言われる。

この実験の考案者であるミシェルは、「先延ばしされたものの、より価値のある報酬のために、未就学児が自らに課した、即時の欲求充足の先延ばしパラダイム」であるとしている。

先延ばしされたものの、より価値のある報酬のために、即時の欲求充足を先延ばしする、というのがちょっとわかりにくいかもしれないので、この本のテーマである勉強ができるということと絡めて、より具体的に説明してみよう。

たとえば、宿題をしないといけないのに、近所の友だちから遊びに誘われたとする。ここでの即時の欲求充足とは、友だちの誘いに応じて今すぐ遊びに行ってしまうことを指す。でも、それをしてしまうと、明日学校で先生から叱られるし、学期末の成績に悪影響がある。

この場合、先延ばしされたものの、より価値のある報酬というのは、今すぐの欲求充足を我慢して、友だちの誘いを断り宿題をすれば、明日先生からほめられる、あるいは叱られずにすむし、その日に習った内容の理解が進み学期末の成績に好影響が期待できることを指す。

このような状況で、友だちの誘いに乗って遊びに行くという目の前の欲求充足を我慢できるかどうかということである。

あるいは、もうすぐ定期試験があり、これまでに習ったことを復習するという準備勉強をしないといけないのに、好きなサッカーの国際試合がテレビで連日放映されるとする。

ここでの即時の欲求充足とは、好きなサッカーの国際試合を見たいという誘惑に負けてテレビを見てしまうことを指す。でも、それをしてしまうと、定期試験の準備勉強が疎《おろそ》かになり、良い成績を取ることができなくなってしまう。先延ばしされたものの、より価値のある報酬というのは、今すぐの欲求充足を我慢して、テレビでサッカーの国際試合を見るのを諦め定期試験の準備勉強をすれば、定期試験で良い点数を取ることができ、学期末の成績が良くなると期待できることを指す。

このように、明日にしろ学期末にしろ、より大きな将来の欲求充足のために、今すぐの欲求充足を我慢できるかどうかで、勉強ができるようになるかどうかが決まってくるというわけである。

学力を高め、試験で良い成績を取るためには、宿題をやったり、試験の準備勉強をしっかりやったりすることが必要である。それなのに、宿題をしなければいけないことはわかっているのに友だちから誘われると宿題を投げ出して遊びに行ってしまったり、試験の準備勉強をしないといけないことはわかっているのにテレビばかり見てしまったりするようでは、学力を身につけ良い成績を取るのは難しい。

そこで問われるのが抑制能力、つまり長期的な欲求充足のために即時の欲求充足行動を抑制する能力である。これまでは、学業成績の基盤となるものとして知能が注目されることはあっても、抑制能力のような非認知能力が注目されることはなかった。ただし、教育現場に身を置く人たちは、日常の生活場面における抑制能力の重要性を痛感しているはずである。

欲求充足の先延ばしができる子の将来は?

第一章で紹介したように、ミシェルの追跡調査によれば、マシュマロ・テストで欲求充足を先延ばしできた子は、およそ一〇年後に、欲求不満を覚えるような状況において、他の人たちより強い自制心を示す青年になっていた。つまり、子どもの頃に、より大きな欲求充足のために目の前の欲求充足を先延ばしすることができた者は、一〇年経《た》っても相変わらず誘惑に負けにくく、ストレスにさらされてもあまり取り乱すことがなく、また目標に向かって計画的に行動できることが確認されたのである。

さらには、そのような欲求充足の先延ばしができる者は、成人後の二〇代後半になっても、長期的目標の追求やその達成が得意で、そのため高い学歴を獲得し、衝動的に危険薬物に手を出すこともなく、食生活でも抑制できるため肥満指数が低いことが確認されている。

その後も、多くの調査研究により、欲求充足を必要に応じてコントロールできる能力の重要性が確認されている。

たとえば、心理学者モフィットは、一〇〇〇人の子どもたちを対象に、生まれたときから三二年間にわたって追跡調査を行うことで、子ども時代の自己コントロール力が将来の健康や富や犯罪を予測することを確認している。

具体的には、我慢する力、衝動をコントロールする力、必要に応じて感情表現を抑制する力など、自己コントロール力が高いほど、大人になってから健康度が高く、収入が高く、犯罪を犯すことが少ないことがわかったのである。これは直接学力への影響に焦点づけたものではないが、アメリカは能力によって収入に大きな格差がつく社会なので、収入の高さなどは学力の高さを示唆するものとも考えられる。

このような非認知能力の重要性は、日本の子どもたちを対象とした調査研究でも検証されている。

たとえば、文部科学省により平成二九年度に実施された全国学力・学習状況調査の結果と、その対象となった小学六年生および中学三年生の子どもたちの保護者に対する調査の結果を関連づける調査報告書がある。

そこでは子どもの非認知能力と学力との関係も検討されているが、両者の間にゆるやかな正の相関関係がみられた。つまり、非認知能力が高いほど学力が高く、非認知能力が低いほど学力が低いといった傾向がみられたのである。

ただし、親の学歴や収入といった社会経済的地位と学力との間には、中程度の正の相関がみられた。つまり、親の学歴や収入が高いほど子どもの学力が高く、そうした親の社会経済的地位が低いほど子どもの学力が低いといった傾向がみられたのだ。これは、最近「親ガチャ」などと言われていることを裏づけるものと思うかもしれない。

しかし、この調査のデータを詳しくみていくと、親ガチャなどというのは当てはまらず、「この親のもとに生まれたのだから、もうどうしようもない」ということではないとわかる。

その証拠として、子どもの非認知能力と親の社会経済的地位との間には相関はみられず、非認知能力と親の社会経済的地位は、それぞれ独立に学力に影響を及ぼしているからである。

ちょっとわかりにくいかもしれないが、こうしたデータから言えるのは、子どもの学力が親の学歴や収入の影響を受けることは否定できないものの、たとえ親の学歴や収入が高くなくても、子ども自身の非認知能力を高めることができさえすれば、学力を高めることができるということである。

この調査のデータによれば、「子どもに努力することの大切さを伝えている」「子どもに最後までやり抜くことの大切さを伝えている」といった親による働きかけが、子どもの非認知能力の高さにつながっていることがわかる。

そうであれば、たとえ親が甘くて非認知能力を鍛えることをしてくれなかったとしても、やる気を燃やす力や粘る力、誘惑に負けずに長期的視野に立って行動する力など、気持ちをコントロールする力を自分自身が意識して鍛えることをしていれば、自然に学力が向上していくことが期待できる。

これも考えてみれば当然のことだ。何かにつけて努力する姿勢があり、ここぞというときに集中力を発揮してやる気を燃やし、困難に直面しても諦めずに最後までやり抜くことができるなら、当然勉強に関しても頑張り抜くことができるはずだ。学業成績を大きく左右する要因として、こうした心理的な傾向が重要な働きをしているのである。

非認知能力の基本的な要素とは？

非認知能力は、対自的能力と対他的能力に分けることができる。いわば、自分の心の状態を理解し、それを適切にコントロールする能力と、他者の心の状態を理解し、それに適切に対応する能力という二つの側面である。

ブラッサーたちは、このような能力を情動コンピテンスという概念でとらえようとしている。そして、多くの研究により、情動コンピテンスが高いほど、人間関係が良好で、幸福感が高く、人生に対する満足度が高く、身体的健康度が高く、抑うつ傾向が低く、孤独を感じにくく、学業成績が良好であり、仕事の成績も良好といった傾向がみられることが確認されている。

では、情動コンピテンスとは、具体的にどのような能力を指すのだろうか。ブラッサーたちは、具体的に情動コンピテンスを測定する心理尺度を作成している。それは、情動コンピテンスを自己領域と他者領域という二つの因子に大きく分け、それぞれをさらに情動の同定、理解、表現、調整、利用の五つの因子に分けてとらえるものである。その短縮版も開発されており、心理学者の野崎優樹と子安増生《ますお》がその日本語訳を作成している。それは、ブラッサーたちのものと同じく、自己領域五因子、他者領域五因子、計一〇因子で構成されている。

具体的項目例をみれば、各因子のイメージがつかみやすいと思うので、各因子に含まれる具体的項目を一つずつ例示してみよう。

［情動コンピテンス自己領域］

①自己の情動の同定

項目例……何かに感動した時、自分が何を感じているのかがすぐに分かる

②自己の情動の理解
項目例……落ち込んでいる時、自分の気持ちとその気持ちを生じさせた状況とを結びつけることは簡単だ
③自己の情動の表現
項目例……自分の気持ちを上手く説明できる
④自己の情動の調整
項目例……怒っている時、自分を落ち着かせることは簡単だと思う
⑤自己の情動の利用
項目例……自分にとって重要なことに注目するのに、自分の気持ちが助けになる

［情動コンピテンス他者領域］
⑥他者の情動の同定
項目例……他の人たちの気持ちを感じ取るのが得意だ
⑦他者の情動の理解

項目例……たいていの場合、人がなぜそのような気持ちを感じているのかを理解している

⑧他者の情動の表現

項目例……他の人たちは、よく個人的な問題を私に打ち明けてくれる

⑨他者の情動の調整

項目例……ストレスや不安を感じている人に会った時、その人を簡単に落ち着かせることができる

⑩他者の情動の利用

項目例……そうしようと思えば、他の人たちの感情を自分がそうしたいように簡単に動かすことができる

これらの項目例をみれば、非認知的能力が具体的にどのようなものを指すのかがわかるだろう。

学業成績との関連としては、自己領域の各因子があらわす能力が重要と考えられる。

自分自身の心の状態を理解し、必要に応じて適切に調整する能力は、やる気が出ないときも何とか自分を奮い立たせてやる気にさせたり、遊びたいとかさぼりたいといった誘惑に負けないように衝動に流されそうな心の動きを抑制したり、なかなか成果につながらないときも諦めたりヤケになったりせずに粘り強く取り組んだりするために必要なものと言える。

他者領域の各因子があらわす能力は、とくに人間関係において大切なものであり、直接学業成績と関係するとも思えないが、他者の内面の理解は自己の内面の理解に通じる面もあり、また内面の理解は必要に応じて内的状態をコントロールするための前提となる。さらには、人間関係が良好であれば、勉強面で何か困ったことがあったり行き詰ったりしたとき助力を得やすいだろう。このように考えると、他者領域の各因子があらわす能力も、学業成績の向上に間接的につながる面をもっていると言える。

自己コントロール力の向上が学業成績につながっていく

非認知能力の中核をなすのは自己コントロール力である。必要に応じて自分の心の状態を適切にコントロールすることは、勉強や仕事に取り組む際にも、人間関係上でも、必要不可欠と言ってよい。

タングニイたちは、自己コントロール力が高いほど、学業成績が優れ、精神疾患・過食・アルコール依存といった問題が少なく、対人スキルに優れ、良好な人間関係を築いていることを確認している。多くの先行研究の結果を検討したデリダーたちも、自己コントロール力が高いほど、学校や職場の対人関係や業績、食生活など、さまざまな場面において適応的に行動できていることを確認している。

子ども時代の自己コントロール力に関する多くの先行研究の結果を検討したロブソンたちは、子どもの頃の自己コントロール力によって、その後の学業成績や人間関係の良好さ、問題行動や抑うつなどの病的傾向、失業などを予測できることを確認している。中学生を対象とした追跡調査でも、自己コントロール力の向上がその後の学業成績につながっていくことが確認されている。

このように学業も含めて将来社会的にうまくやっていけるかどうかと関係しているとみなされる自己コントロール力だが、これを測定する心理尺度がタングニイたちによって開発されており、その短縮版の日本語訳も心理学者の野崎優樹たちによって作成されている。以下にその自己コントロール尺度短縮版の日本語訳を示すので、自己コントロール力とは具体的にどんな能力なのかをイメージしてほしい。

わかりやすいように、まず前半に自己コントロール力の高い人があてはまる項目を並べ、後半に自己コントロール力の低い人があてはまる項目を並べてみる。

自己コントロール力の高い人があてはまる項目

自分にとってよくない誘いは、断る

誘惑に負けない

自分に厳しい人だと言われる

先のことを考えて、計画的に行動する

自己コントロール力の低い人があてはまる項目

悪いクセをやめられない

だらけてしまう
場にそぐわないことを言ってしまう
自分にとってよくないことでも、楽しければやってしまう
もっと自制心があればよいのにと思う
集中力がない
よくないことと知りつつ、やめられない時がある
他にどういう方法があるか、よく考えずに行動してしまう
趣味や娯楽のせいで、やるべきことがそっちのけになることがある

前半の項目の多くが自分にあてはまり、後半の項目の多くが自分にあてはまらないという人は、自己コントロール力の高い人ということになる。反対に、前半の項目の多くが自分にあてはまらず、後半の項目の多くが自分にあてはまるという人は、自己コントロール力の低い人ということになる。

自分に厳しく、だらけることがなく、自制心があり、誘惑に負けず、集中力があり、

やるべきことをさぼることなく、先のことを考えて計画的に行動することができれば、必要な勉強はしっかりこなし、ここぞというときに頑張ることができるため、学力を高め、その結果として良い成績を取れるのは目に見えている。

反対に、自分に甘く、すぐにだらけてしまい、自制心が乏しく、つい誘惑に負けてしまい、集中力がなく、やるべきこともついさぼってしまい、計画してもなかなかその通りにできない場合は、必要な勉強も疎かになりがちで、学力を高めることができず、良い成績を取ることは期待できない。

こうしてみると、勉強ができるようになるには自己コントロール力を高めることがいかに大切かがわかるだろう。

自己コントロール力の発達

右に示した自己コントロール力尺度の各項目が自分にあてはまるかどうかをチェックしてみれば、自分が自己コントロール力が高い方なのか、それとも低い方なのか、おおよその見当をつけられるはずだ。

自己コントロール力が高ければよいが、自己コントロール力が低い場合は、勉強にしても習い事や部活にしても、なかなか思うような成果が出せていないのではないだろうか。それにしても自分はなぜ自己コントロール力が身につかなかったのだろうと疑問に思う人もいるかもしれない。そこで、自己コントロール力の発達についてみていくことにしたい。

自己コントロール力は、生涯にわたって発達するものの、乳幼児期に急激に発達し、児童期から青年期にかけては緩やかに発達し、老年期には低下するとされている。

自己コントロール力の代表とみなすことができるのが抑制能力だ。抑制能力とは、不適切な注意や思考、行為、衝動を抑える能力のことである。わかりやすく言えば、よけいなことに注意を向けたり、よけいなことを考えたりするのを抑制したり、好ましくないことをしたり衝動的に振る舞ったりするのを抑制したりすることである。

よけいな刺激に注意を奪われたり、関係のないことを考えることで本来の思考が疎かになったり、望ましくないことをしてしまったり、衝動に負けて怒りを爆発させたり、怠けたい衝動に負けてさぼったりして取り返しのつかないことになったりと、抑制がうまくいかないとさまざまなダメージをこうむることになりかねない。

このような抑制能力は、三歳以降に発達し、特に幼児期から児童期にかけて急激に発達し、児童期にも発達し続けることがわかっている。

自己コントロール力は、他者の気持ちに配慮して自分の言動を調整する能力にも関係するため、そのような配慮や調整ができるかどうかでその発達をたどることができる。

心理学者の山本愛子は、幼児の対人葛藤場面における自己主張の調整能力を検討し、年齢の上昇とともに自己中心的な自己主張は減少し、自他双方の要求を配慮した自己主張が増加するという発達的変化を明らかにしている。

同様の知見は他にも報告されており、幼児期には、自己中心的な言動が減少し、自他の視点を調整した協調的な言動が増加するといった形の発達がみられることがわかっている。

では、このような自己抑制を中心とした自己コントロール力の発達には、どのような要因がかかわっているのだろうか。山本は、情動表出の影響の理解や表情表出の巧緻度《こうちど》の発達が重要な要因となっていることを指摘している。わかりやすく言うと、自分がネガティブな感情をあらわしたときに相手がどんな気持ちになるかを想像したり、そうした配慮に基づいて自分の感情のあらわし方をうまく調整したりできるかどうかが重要な要因になるという意味である。

自分が喜びや悲しみの感情を表出したら相手はどんな気持ちになるかというような情動表出の影響の理解は、五〜六歳になると可能になることが示されている。たとえば、期待外れのプレゼントをもらった場合、贈り主の前ではがっかりした気持ちなどネガティブな感情の表出を抑制することは、三〜四歳でもできることが報告されている。

さらに、六歳くらいになると、人が実際とは異なる情動表出をする理由を理解できるようになり、内心はがっかりしていても喜んで見せるなど、実際の情動と異なる情動を表出することができるようになることも報告されている。

情動の巧緻度というのは、この場ではこんな感情をあらわすべきだと思えばそれにふさわしい表情ができるかどうかということだが、その能力は五歳から九歳にかけて発達するという報告や四歳から六歳にかけて発達するという報告があり、幼児期後期から児童期前期にかけて発達するようである。

ここで重要なのは、幼児期・児童期においてもすでに、自己コントロール力が高いほど、学業成績が良好だったり、人間関係が良好だったりすることが確認されていることである。

自己コントロール力が高くないと社会適応に困難をきたすことは容易に想像できる。たとえば、自分の感情をうまくコントロールできなければ、人間関係が安定せず、信頼関係も築きにくいし、トラブルが絶えないといったことにもなりがちだ。また、自分の気持ちをうまくコントロールできなければ、勉強に限らずスポーツでも芸術でも、目標に向けて忍耐強く努力を続けることができず、すぐに誘惑に負けてさぼったり、思い通りにならないとすぐに落ち込んでやる気をなくしたりといったことにもなりがちである。

ここから言えるのは、子どもの頃、とくに幼児期において、自己コントロール力の発達を促進するような働きかけをすることが非常に大切だということである。親など周囲の人たちからそのような働きかけをしてもらえないと、自己コントロール力が未熟なままということもあり得る。目の前の子どもが喜ぶ笑顔を見たいなどといって将来のことを考えずに甘やかす親だと、そのようなことが起こりがちだ。その場合は、自分自身で自己コントロール力を意識して鍛える必要があるだろう。

主に成人を対象とした調査研究により、自己コントロール力は年齢の上昇に伴って高くなっていくことが示されている。これは自己コントロール力が成人後も発達していくことを示唆するものであり、幼児期・児童期にうまく発達していなくても、中高生や大学生になってからでも十分鍛えることができることを意味する。

忍耐力の乏しい子が増えている

自己コントロール力がとても大切なのだということがわかったと思うが、最近の若者たちにみられる傾向として、その自己コントロール力が低いということがある。

注意や叱責に耐えられず、奮起するよりも、落ち込んだり苛《いら》ついたりしてしまう。ほめてもらえないとやる気がなくなる。頑張ってもなかなかうまくいかないとき、粘ることができず、苛立ったり、諦めたりしてしまう。思い通りにならないと落ち込み、ひどいときは心が折れる。こうした傾向は、まさに自分の気持ちを適切にコントロールできないことのあらわれと言える。

こうした傾向をもたらす要因として忍耐力の欠如がある。そして、その徴候はすでに幼児期からみられる。

二〇〇六年にある自治体から依頼され、多くの幼稚園教諭を対象とした調査を行ったことがあるのだが、その中で「今の子どもや子育て状況を見ていて気になること」について尋ねてみた。その結果、「今の子どもを見て気になること」の筆頭にあがったのが「忍耐力のない子が目立つ」だった。しかも、64%の教諭がそれが気になると答えており、その比率は他を圧倒していた。

主な気になる点をあげると、以下のようであった。

「忍耐力のない子が目立つ」	64%
「周りに合わせられない子が目立つ」	52%
「過度に自己中心的な子が目立つ」	47%
「基本的生活習慣の欠如している子が目立つ」	46%
「自発性のない子が目立つ」	45%

「協調性のない子が目立つ」　44％
「友だちとうまく遊べない子が目立つ」　43％

ここには主としてふたつの傾向がみられる。ひとつは、自己中心的で周囲に合わせられない子、いわば協調性がなく友だちとうまく遊べない子が目立つことである。もうひとつは、忍耐力、基本的生活習慣、自発性など、いわば自己コントロール力の乏しい子が目立つことである。総合すれば、自分の感情や衝動、行動を必要に応じてうまくコントロールするのが苦手な子が多いのが気になるというわけである。これはまさに、自己コントロール力が適切に発達していないことを意味している。

二〇〇六年の幼稚園児というのは、今の二〇代前半の若者ということになる。当時の幼児にみられる傾向は突然出現したわけではなく、しばらく前から続いていたはずなので、今の多くの若者にみられる自己コントロール力の未発達は、すでに幼児期からみられていたということになる。

注意や叱責に耐えられない。ほめられないとやる気になれない。なかなかうまくいかないと諦めてしまう。落ち込みやすく、心が折れやすい。そのような若者が目立つというのは、学校でも職場でもしばしば指摘されるところだが、それは子どもの頃からの自己コントロール力の未発達によるものとみなすことができる。

自己コントロール力の乏しい子どもが多いという傾向は、今でも基本的に変わっていない。むしろより顕著になっていることが、つぎのようなデータからも窺《うかが》える。

二〇一六年に放課後児童クラブや子ども教室等の関係者を対象として、子どもたちにみられる傾向についての調査を行ったことがある。その結果、「忍耐力のない子が増えていると思う」の比率が最も高く、八六％がそう思うと答えていた。

主な項目に対する回答は、以下の通りであった。

「忍耐力のない子が増えていると思う」　86％
「協調性のない子が増えていると思う」　80％
「友だちとうまく遊べない子が増えていると思う」　76％
「わがままな子が増えていると思う」　75％

「きちんとしつけられていない子が増えていると思う」　75％
「傷つきやすい子が増えていると思う」　75％
「頑張れない子が増えていると思う」　61％

こうしたデータをみると、日々子どもたちの相手をしている人たちのほとんどが、忍耐力や協調性が乏しい子どもたちが増えていると感じていることがわかる。

このことは、忍耐力や協調性といった非認知能力を身につけないまま大人になっていく子どもたちがいかに多いかを物語っており、そのことが現代の若者の傷つきやすく心が折れやすい心理傾向をもたらしていると考えられる。

幼稚園から小学校への移行でつまずく子が増えている

忍耐力や協調性が十分に身についていないと、課題の達成に向けて粘り強く頑張り続けたり、周囲の仲間たちとうまくかかわったりすることができないため、学校生活への適応に苦労することになりがちである。そのイライラが攻撃的な言動につながったりする。

嫌なことがあれば気持ちが沈んだり、腹が立ったりするのはだれにもあることだが、そうした負の感情をうまくコントロールできないとき、気持ちが沈んだまま「心が折れた」といって立ち直れなくなったり、堪えることができずにキレたりする。

小学校に入った途端に適応できずに問題を引き起こす生徒が非常に多くなっているが、小学生の暴力行為が急増しているところにも、そうした衝動を和らげるように自分の気持ちを適切にコントロールする力の未発達があらわれている。

文部科学省による二〇一九年度の調査データをみると、教育機関における児童・生徒の暴力行為の発生件数は、七万八七八七件であった。その内訳をみると、小学校四万三六一四件、中学校二万八五一八件、高校六六五五件となっており、小学校の発生件数が飛び抜けて多いことがわかる。小学校の発生件数は、中学校の一・五倍、高校の六・五倍となっている（二〇二〇年度以降は新型コロナの流行により通学者数の減少という特殊要因があるため、ここでは二〇一九年度までのデータを取り上げる）。

じつは、二〇一一年までは中学校の発生件数が飛び抜けて多く、小学校の発生件数は高校よりはるかに少なかったのである。二〇一二年から小学校での発生件数が増え始め、ついに二〇一三年に高校を抜き、その後も急増が続き、とうとう二〇一八年に中学校を抜き、今や中学校や高校の発生件数をはるかに上回るようになってしまったのである。

自分の思い通りにならないと、つい暴力を振るってしまう。そんな小学生が急増しているのである。それも凄《すさ》まじい増え方となっている。こうした現状をみれば、子どもたちの自己コントロール力がいかに未発達であるかがわかるだろう。

自己コントロール力の未発達は、暴力にかぎらず、小一プロブレムなどといって、幼稚園から小学校への移行でつまずく子どもが多いことにもあらわれている。授業中に席を立って歩いたり、教室の外に出たりする。あるいは、授業中に騒いだり、暴れたり、注意する先生に暴力を振るったり、暴言を吐いたりする。このように遊び中心の幼稚園生活から学び中心の小学校生活への移行につまずき、不適応行動に走ってしまうのも、自己コントロール力がうまく機能していないことを示している。

東京学芸大学「小一プロブレム」研究推進プロジェクトにおける調査では、小一プロブレムの発生理由として、「家庭におけるしつけが十分でない」が筆頭にあげられており、「児童に自分をコントロールする力が身に付いていない」と「児童の自己中心的傾向が強いこと」を合わせた三つが主要なものとされている。

学校の先生はもはや自己コントロール力を鍛えてくれない

そうした問題への対応として、授業を子どもにとってもっと楽しいものに工夫する試みが奨励される風潮があるが、そのような場当たり的な対応でやり過ごすと、子どもたちが将来生きづらさに苦しむことになりかねない。

自分の衝動をコントロールできない。感情をコントロールできない。自制できない。自己中心性から脱却できない。相手の立場や気持ちを想像できない。コミュニケーションがうまくいかない。そうした子どもの側の要因を無視して、授業を楽しくしたり、ほめて気持ちよくさせてあげるなど先生の対応をよりやさしくしたりしても、子どもの自己コントロール力の向上にはつながらない。

かつては子どもの自己コントロール力を鍛えるのを学校の先生に期待することができたが、今ではそれはまったく期待できない。先生がちょっとでも厳しいことを言うと、子どもの心を傷つけたといって、保護者からクレームがついたり、マスメディアが問題視したりしかねないため、学校の先生たちは萎縮しており、子どもたちを鍛えるという教育的働きかけをしにくい時代になっている。

大学の授業に出ている学生たちに聞いても、これまで学校で先生から叱られたことなどほとんどないし、周囲の友だちが叱られるのを見たこともほとんどないという。中学や高校の頃、生徒が悪いことをしても、先生は叱るという感じではなく、「そういうことはしない方がいいよ」といった感じでやさしく「お話をする」のだという。

このように先生たちは、生徒に望ましくない態度や行動がみられても、厳しく指導することができず、やんわり伝えて本人の自覚を促すくらいしかできないのである。先生のやんわりした指摘をもとに自分の問題点に気づき、自ら態度や行動を修正していくことができる児童・生徒はよいが、そもそも自己コントロール力が未発達な場合はなかなかうまくいかない。

アルバイト先で遅刻して店長から叱られて、逆ギレして辞めた友だちがいるという学生たちが結構いるのだが、彼らによれば、これまで遅刻しても叱られることがなかったから、「なんでそんなきつい言い方されなきゃいけないんだ！」とムカついて、我慢できなくなるのだろうという。

学校の先生たちと話しても、モンスターペアレント、いわゆるクレーマーのような保護者がいて、叱ったり厳しいことを言ったりすると文句が出るため、厳しい指導はしにくいという。規則違反を繰り返したり、授業中にいくら注意しても騒ぐのをやめない生徒を怒鳴って叱ると、「親でも怒鳴ったことがないのに、先生が怒鳴るなんて。ウチの子は先生が怖いから学校に行きたくないって言ってるんです。ほめて育てる時代になんてことをしてくれたんですか」などといったクレームが来るため、自己コントロール力を鍛えるのが非常に難しくなっているという。

ある自治体の校長先生たちの集まりで教育問題についての話をした際に、アンケートをとらせてもらったのだが、その結果には、叱ったり厳しい指導をしたりしにくくなっている現状が如実にあらわれていた。

「以前と比べて生徒をほめることが多くなった」肯定79・5％、否定6.8％

「以前と比べて生徒を叱ることが少なくなった」肯定61・3％、否定20・4％
「生徒をほめなければならないといった空気が強まっているのを感じる」肯定77・3％、否定4.5％
「生徒を厳しく指導するということがやりにくくなっている」肯定86・4％、否定11・3％
「生徒を叱るべきときでも叱りにくくなっている」肯定54・5％、否定22・7％

こうした風潮により、自己コントロール力が鍛えられない子どもたちには、傷つきやすい、心が折れやすい、忍耐力が乏しいといった心理傾向がみられやすいと推測されるが、つぎのようなデータをみると、実際にほとんどすべての校長先生がそのような印象を抱いていることがわかる。

「叱られることに抵抗のある生徒が増えていると感じる」肯定88・7％、否定2.3％
「ほめられないと拗《す》ねる生徒が増えていると感じる」肯定50％、否定15・9％

「傷つきやすい生徒が増えていると感じる」肯定88・7%、否定0%
「心が折れやすい生徒が増えていると感じる」肯定84・1%、否定2.3%
「生徒の忍耐力が低下しているのを感じる」肯定95・5%、否定0%

さらに、生徒の保護者に関するつぎのようなデータをみると、ほとんどすべての校長先生が、子どもに甘く、心を鍛えるということに目が向いていない保護者が多いと感じていることがわかる。

「子どもに甘い保護者が多いように思う」肯定90・9%、否定2.3%
「心を鍛えるという面に価値を置かない保護者が多いように思う」肯定79・6%、否定0%

いくらちゃんと宿題をしたり授業をまじめに聴いたりしていても、非認知能力がしっかり身についていないと、何かで行き詰まったときに粘ることができなかったり、思い通りにならないときに我慢できなかったり、苦しい状況に耐えられずに心が折れてしまったりと、将来困ることになりかねない。

たとえば、注意や叱責を自分の成長の糧にする気持ちの余裕がなく、ただ傷ついてしまう。叱られたり、よくない点を指摘されたりすると、そこを反省して直そうという思いよりも、不快感の方が強く、反発したくなる。あるいは、傷つきに耐えられず、その場から逃げ出す。これではなかなか成長することができない。

親も自己コントロール力を鍛えてくれない

親が子どもにどのようなことを期待するかを調べた国際比較調査がある。それをみると、「親の言うことを素直にきく」ことを子どもに強く期待する親は、フランスで80・1%、アメリカで75・2%と八割近い比率なのに対して、日本では29・6%と著しく低い。欧米の親は子どもは親の言うことをきくものだと思っているのに対して、日本の親はそのように思う親は少数派にすぎない。子どもに我慢させるという発想が乏しいのである。

「学校でよい成績をとる」ことをどれだけ期待するかという問いについても、「強く期待する」という親は、フランスで70・1％、アメリカで72・7％なのに対して、日本では11・9％と、これまた著しく低い。

欧米の親は子どもに強く命じたり強い期待を示したりするのに対して、日本の親には子どもに無理強いするのはよくない、子どもの自由にさせてあげたいといった思いがあるようだ。それが子どものためと思っているのかもしれないが、実際は子どもを将来苦しめることになりかねない。なぜなら厳しい状況に耐えたり、長期的な目標のために目の前の欲求を我慢したりできるように、自分の気持ちをコントロールする力が鍛えられないからだ。

今の二〇代の若者がしつけを受け始めた二〇〇一年度に行われた意識調査の結果をみると、「どういう親でありたいか」という問いに対する回答で、最も比率が高かったのは「何でも話し合える友だちのような母親」で83・2％、二位が「できるだけ子どもの自由を尊重する父親」で82・8％、三位が「できるだけ子どもの自由を尊重する母親」で79・2％となっている。

ほとんどの親が子どもの自由を尊重する親でありたいとしており、そこには子どもが社会の荒波を乗り越えていけるように鍛え上げてやらなければといった思いがまったくみられない。

それに対して欧米の親は、子どもに対して強大な権力者として君臨し、子どもの心を強く鍛えようという強い意思をもっているように思われる。

たとえば、フランス人の子育てを紹介している『フランスの子どもは夜泣きをしない』（集英社）によれば、フランスの親にとってはしつけが厳しいことが自慢であり、親は子どもに対して絶対的な権力者でなければならないと考えているという。そして、自己コントロールができる子に育てようとしていることが、つぎのような記述から窺える。

「フランス人の親は、子どもにフラストレーションを与えるダメージを心配しない。反対に、フラストレーションに対処できなければ、子どもがダメージをこうむると考えている。フラストレーションに耐えることを、人生の核となるスキルだと見なしているのだ」

「フランス人の専門家や親は、子どもは『ノー』の言葉を聞くことで、自分の欲望という暴君から救われると考えている」

このように厳しく育てられることで、世の中は自分中心に動いているのではないことを体得し、欲求不満にも耐えられるようになり、思い通りにならない現実をしぶとく生きることができるようになると考えられる。

マシュマロ・テストを思い出してほしい。先のことを考えて目の前のお菓子をすぐに食べるのを我慢することができるかどうかを試すものだが、非認知能力が育っているかどうかをみるためのものである。

子どもの心を傷つけないように、いい気分にさせてあげられるようにと、子どもを甘やかし、ほしいものを何でもすぐに与えてしまうようでは、欲求不満に耐える力は身につかず、思い通りにならないとキレたり心が折れたりしやすくなる。

アメリカの教育家ノルトによる『子どもが育つ魔法の言葉』（石井千春訳、PHP文庫）は、日本ではほめて育てることを説くものとみなされている。だが、よく読むと、ほめて育てるというよりも、言葉でほめることをしながらも、愛情をもって厳しくしつけることを説いている。

たとえば、子どもがだれかを傷つけたり、わざと物を壊したりしたときは、「まず『そんなことになると分かっていたら、許さなかった』と、子どもにきっぱり言うべきなのです。そして、なぜそんなことになったのかを考えさせ、自分の行為を恥じさせ、反省させなくてはなりません。ときには、同じ失敗を繰り返さないように罰を与えることも必要でしょう」

とアドバイスしている。

また、ルールや約束事を例外なく守らせるという欧米流の子育ての基本も説かれ、「家庭内でルールを守らせるということは、子どもが社会の一員として生きてゆく上で、とても大切なことです」

「いちばん大切なことは、親の同情を引けばわがままをとおせるのだと子どもに思わせないように注意することです」

というように、子どもに歩み寄りがちな日本の親とは正反対の姿勢を推奨している。

かつては日本でも、子どもの将来のために、厳しい社会の荒波を乗り越えていけるように、そしてどんな状況の中でも力強く自分の道を切り開いていけるように、あえて心を鬼にして厳しく育てるということが行われていた。だが、今では「ほめて育てる」「叱らない子育て」が広まり、自己コントロール力を鍛えてくれる親は圧倒的な少数派になってしまった。その結果、子どもたちの自己コントロール力の未発達がさまざまな問題を引き起こすこととなったのである。

先生も親もやさしくなったというと良いことのように思うかもしれないが、視点を変えると、将来困らないように子どもたちの心を鍛えるという役割を果たしてくれないということでもある。

学校の先生や親が自己コントロール力の発達を促すような働きかけをしてくれないのであれば、自分自身で意識して自己コントロール力を鍛えるしかない。

やる気のコントロールの仕組み

早く宿題をしなければと思いつつも、つい怠け心に負けてテレビを見たり、スマートフォンでゲームをしたり、友だちとＳＮＳでやり取りしたりして、ダラダラ過ごしてしまうか、怠け心に負けることなくちゃんと宿題をしてからのんびりするか。それは知能とは関係のない要因によるものだが、勉強ができるようになるかどうかを大きく左右する。

勉強でも何でもやる気をもって粘り強く取り組む姿勢が成功につながるというのは、経験則としてだれもが知っている。やる気をもって粘り強く勉強に取り組めるかどうかが学業成績に関係すると頭ではわかっていても、なかなかやる気になれないということもあるだろう。

このように知的能力そのものではないけれども知的達成に大いに影響する要因が非認知能力であり、そのひとつとしてやる気を燃やす能力がある。

「中一の壁」というのも、このところ深刻な問題になっている。教室の中に違う小学校から来た知らない子が多かったり、学習内容が急に難しくなったりと、環境の大きな変化を経験する中学一年生にとっては、その変化にうまく対応できるように、自分の心の状態を安定させることが求められるが、自分の気持ちをうまくコントロールできるかどうかが学力に関係することがわかっている。

このように学校での学習活動にやる気をもって取り組めるかどうかには、非認知能力が大いに関係しているが、とくに重要となるのが、モチベーションを高める能力である。勉強に限らずスポーツや音楽などの趣味的な活動でも、モチベーションを高めて取り組むことが大切であることは、だれもが頭ではわかっているはずだ。

それはわかっていても、なかなかモチベーションが高まらないこともあるだろう。結局のところ、モチベーションというのは気持ちの問題である。いくら頭でわかっていても気持ちがついていかなければモチベーションは高まらない。このようにモチベーションには理屈よりも気持ちの面が大きいことを考えると、気持ちのコントロールがいかに重要かがわかるだろう。

たとえば、試験前に本気で勉強しなければいけないことは頭でわかっていても、どうもやる気が湧かない。そんな経験はだれにもあるだろう。そんなときに、自分の気持ちを鼓舞してモチベーションを高めることができるかどうか。それによって試験で成功するかどうかが決まってくる。

勉強に対するモチベーションには大きな個人差があり、元々やる気満々の子もいれば、まったくやる気の感じられない子もいる。でも、とくに大事なのは、ここぞというときにいつもの自分の水準よりモチベーションを高めることができるかどうかである。成績の良い子は、いざというときにモチベーションを高めることができる。

もちろん日頃からモチベーションを高く維持しながら勉強に取り組むことができるかどうかによっても、学力は大きく左右される。だらだらするよりもやる気をもって取り組む方が有効な学習になるのは当然である。

でも、非認知能力のひとつである自分の気持ちをコントロールする力が、いきなり身につくわけではない。そこで問われるのがメタ認知能力である。ここの文脈で言えば、モチベーションを高める方法を知っているかどうかである。自分の心の中にやる気を燃やすコツを心得ているかどうかということである。メタ認知能力については第三章で詳しくみていくが、やる気をもって取り組むという非認知能力を大きく左右する要因でもあるので、ここで簡単に触れておくことにしたい。

モチベーションを高める方法について知っておき、それを踏まえた対応をすることができれば、有効な学習活動にしていくことができる。そのためのヒントとして、モチベーションを左右する主な要因をいくつか紹介することにしたい。

①自己責任性を意識する

勉強にしても、スポーツや音楽にしても、自分自身でやらなければとかやりたいと思っている子と、人からやらされていると感じている子では、前者の方がモチベーションは高まりやすい。人から動かされているのだと思えば、なかなかモチベーションは上がらない。

そこで大切なのは、人からやらされているといった感覚を捨てることだ。やらされている感じがあるとモチベーションは高まりにくいが、なぜ勉強をするのかとかどのように勉強するのかを自分で考え、自分の責任でやるのだと思えば、モチベーションは高まりやすい。

勉強をする際も、メタ認知的モニタリング（第三章で説明する）の習慣を身につけることが大切となる。たとえば、自分の学習の進み具合はどうなっているか、今の学習方法をこのまま続けていってよいかを自分で考えながら進めるのである。

遅れているからもっと急がなくてはと思えば、より集中して進度を速めるとか、やるべきことを減らすとか、何らかの対応が必要となる。それを自分で判断し対処するのは、メタ認知的活動ということになる。言われて動くだけだとモチベーションは高まりにくいが、自分で考えながら進めるとやらされている感がないため、モチベーションは自然に高まりやすい。

自分が出した結果を自分のせいにすることを自己責任性という。何かで成功したときや失敗したとき、それを自分のせいにするか、自分以外の要因のせいにするかということである。

たとえば、思うような成績を取れなかったとき、自分の頑張りが足りなかったと考える子は、自己責任性の高い子と言える。試験で予想外の問題が出たからできなかっただけだとか、先生から嫌われているからだとか、自分以外の要因のせいにする子は、自己責任性の低い子ということになる。

そのような自己責任性と学業成績の関係を検討した研究により、自己責任性の高い子ほど成績が良いことがわかっている。つまり、結果を自分のせいにする子ほど成績が良いといった傾向がみられるのである。

オーバーアチーバーの子とアンダーアチーバーの子を比較した研究もある。第一章でも紹介したが、オーバーアチーバーとは、知能水準から推測される以上の実力を発揮している子のことである。反対に、アンダーアチーバーというのは、知能からするともっとできていいのに十分に実力を発揮できていない子のことである。

その研究によれば、オーバーアチーバーは結果を自分自身のせいにする傾向があり、アンダーアチーバーは結果を自分以外の要因のせいにする傾向がみられた。結果を自分のせいにする子の方が実力を十分に発揮していることがわかったのである。

こうしてみると、自分のせいにすることが頑張る力につながり、ひいては潜在能力を引き出すことにつながっていると考えられる。ゆえに、モチベーションを高めるには自己責任性を意識して学習活動に取り組むことが大切と言える。

②結果が悪かったときの原因帰属のコツ

うまくいった場合やダメだった場合に、その原因を何に求めるか、つまり原因帰属の仕方には、人によって癖がある。

たとえば、試験の点数が良かったときに、「僕は頭が良いんだな」とか「頑張って勉強したからなあ」というように自分自身のせいにする子もいれば、「たまたま山が当たってラッキーだった」とか「先生に気に入られてるんだな」などと運や他人のせいにする子もいる。

成績が悪いときは、前者のような子は、「僕は頭が悪いんだ」「このところちょっと怠けてたからなあ」などと自分自身のせいにしがちであり、後者のような子は、「テストで苦手な問題ばかり出て運が悪かった」「先生に嫌われてるんだ」などと運や他人のせいにしがちである。

前者のように何かにつけて自分自身のせいにする習性を身につけている人のことを内的統制型という。これは、自己責任性の高さと重なる概念である。

それに対して、後者のように何かにつけて自分以外の要因のせいにする習性を身につけている人のことを外的統制型という。

一般に、外的統制型よりも内的統制型の方が、勉強でもスポーツでも仕事でも成績が良いことがわかっている。成功や失敗の原因を自分自身の内的要因のせいにする方が、うまくいったときには自信になり、モチベーションが上がるだろうし、うまくいかなかったときにはどこがいけなかったかと振り返り、よりいっそう工夫をするようになると考えれば、これは当然のことと言える。うまくいかなかったときに運の悪さや他人のせいにしていたら、何の改善もみられず、その後のパフォーマンスの向上は期待できない。

ただし、内的統制型なら何でもよいというわけではない。同じく内的統制型でも、失敗するとモチベーションが下がりパフォーマンスも下がってしまう挫折に弱いタイプと、失敗してもモチベーションが下がらずパフォーマンスも下がらない挫折に強いタイプがある。

同じく自分自身のせいにするタイプなのに、どこに違いがあるのか。その心理メカニズムの違いを解明したのが、心理学者のワイナーである。ワイナーは、自分自身の内的要因を、安定的な要因と変動的な要因に分け、安定的な要因として能力、変動的な要因として努力をあげた。

そして、成功したときはどちらの要因のせいにしてもよいが、失敗したときに努力不足という変動的な要因のせいにすればモチベーションを高く維持できるのに対して、能力不足という安定的な要因のせいにするとモチベーションを下げてしまうとした。

ここで着目してほしいのは、努力不足を解消するのは比較的容易だが、能力不足となると容易には解消できないという点だ。

失敗したときに、「自分は能力がないんだ」と自分自身の内的かつ安定的な要因のせいにしてしまうと、能力というのは急に改善できるものではないため、そう簡単にうまくいくわけないと悲観的にならざるを得ない。そこでモチベーションが下がってしまう。

一方、失敗したときに、「自分の努力が足りなかったんだ」と自分自身の内的かつ変動的な要因のせいにした場合は、つぎはもうちょっと頑張ればうまくいくかもしれないといった希望がもてる。そうするとモチベーションを下げずにすむし、むしろモチベーションを上げることとさえできる。

実際に調査データをみても、失敗を能力不足のせいにする子はモチベーションが低く成績も悪いのに対して、失敗を努力不足のせいにする子はモチベーションが高く成績も良いことがわかっている。

内的統制の安定的要因には、能力の他に適性を含めてもよいだろう。たとえば、数学の勉強でもピアノでも野球でも、なかなかうまくいかないときや何か失敗したときに、

「自分に向いてないいんだ」などと適性のなさのせいにすれば、モチベーションが下がってしまうだろう。

内的統制の変動的要因には、努力の他にスキルやコンディションを含めてもよいだろう。なかなかうまくいかないときや何か失敗したときに、「まだまだスキルが足りないんだ」「今回は疲れてて集中力が足りなかった」などとスキルやコンディションのせいにすれば、もう少しスキルを磨けばうまくいくかもしれない、コンディションを整えればうまくいくのではないかなどと希望がもてるため、モチベーションを低下させずにすむ。

こうした原因帰属の要因の影響を頭に入れておき、なかなか思うように成果が出せないときなど、「自分は頭が悪いんだ」「勉強は向いてないんだ」などと能力不足や適性のなさのせいにせずに、「頑張りが足りなかったな」「もうちょっと問題練習しておけばよかったな」「もっと集中力をもって取り組むべきだったな」などと変動的な要因を意識するようにすれば、モチベーションを高く維持することができるだろう。
③業績目標より学習目標を意識する

モチベーションを左右する要因として目標の持ち方もある。ふだんあまり意識することはないかもしれないが、人によって目標の持ち方には癖があり、それによってモチベーションが違ってくる。では、モチベーションがとくに高い人には、目標の持ち方にどのような特徴がみられるのだろうか。

まずはじめに、目標の持ち方が人によってどのように異なるのかをみておきたい。

たとえば、江戸時代から明治時代への移行期の歴史について学ぶ際に、「日本史の試験で良い成績を取りたい」という目標をもつ場合と、「日本の江戸時代から明治時代への移行期の歴史についてもっと深く理解したい」という目標をもつ場合では、学ぶことに対する姿勢がずいぶん違う感じがするのではないか。

両者の目標の持ち方の違いは、結果を重視するか、それとも自分の熟達を重視するかの違いだと言ってよい。

そこで参考になるのは、心理学者ドゥウェックの達成目標理論である。ドゥウェックは、達成目標、つまり達成すべき目標には、業績目標と学習目標の二種類があるという。

業績目標というのは、成果を出すことで自分の能力を肯定的に評価されたい、あるいは否定的に評価されたくないという目標のことである。

学習目標というのは、物事をより深く理解することで、自分の能力を高めようという目標のことである。

いわば、業績目標をもつタイプは自分の能力の評価や結果にこだわり、学習目標をもつタイプは自分の能力向上や成長を求める。

たとえば数学で新しい公式について学ぶ場合、業績目標をもつタイプは、良い成績を取りたいという思いが強いため、どうしてそうなるのかがわからなくても、公式をそのまま覚え、例題や練習問題で手っ取り早く使えるようにしようとする。いわば実践的なテクニックを身につけようとする。良い成績を取るのが目標なので、基本事項しか試験に出ないとわかれば、応用問題や難問にあえてチャレンジしようとは思わない。成績につながらない勉強にはあまり興味がない。また、結果にこだわるため、「できなかったら格好悪い」「みっともない姿をさらすわけにはいかない」と守りの姿勢に入り、何かと消極的になりがちである。

同じような状況で、学習目標をもつタイプは、ただ公式を覚えて使えればいいというわけにはいかない。数学の理論についてきちんと理解したいという思いが強いため、どうしてそうなるのかを自分なりに理解しようとし、よくわからないまま覚えたり、使ったりすることには抵抗がある。また、もっとわかりたい、できるようになりたいという思いが強いため、試験に出るかどうかに関係なく、応用問題や難問にもチャレンジしようとする。結果よりも力をつけることにこだわるため、できそうにない難しい課題に挑戦することも厭《いと》わない。

こうしてみると、学習目標をもつ方が伸びる可能性が高いと考えられるので、勉強をする際には業績目標よりも学習目標をもつように意識することが大切だと言える。失敗したときや思うように成績が伸びない厳しい状況に置かれたときも、周囲からの評価を気にして萎縮しがちな業績目標をもつタイプと違って、学習目標をもつタイプは、もっとわかりたいという思いが強く、意欲をもって粘り続けることができる。

ここぞというときの集中力を高める

学力そのものではないものの成績に影響する要因として集中力がある。勉強でもスポーツでも音楽でも、何をするにも、成果を出していくには、いざというときに集中力を発揮することが大事なのは言うまでもない。

それは、勉強で言えば、試験を受けている最中もそうだが、試験のための準備勉強や日頃の宿題をしているときにもあてはまる。効果的な学習を進めていくためには、気が散らないように集中する必要がある。

集中力というのも非認知能力の一種だが、これを必要に応じて十分発揮できるかどうかに成果は大きく左右される。集中力を高めるには、何かに思い切り没頭する経験を重ねるのが有効である。

遊びでもスポーツでも音楽でも、何かに本気で夢中になっているときは集中力が発揮されているはずだ。ただし、ゲームにばかり夢中で勉強は適当になっているというようなケースもあるので、勉強に対して集中力を発揮できるようになりたい場合は、学力向上につながることに没頭するように心がけたい。

たとえば読書である。読書というと堅苦しい感じがするかもしれないが、星座や惑星に興味があるなら天文関係の本、鉄道に興味があるなら鉄道関係の本、ロボットに興味があるならロボット関係の本というように、趣味に関連した本を読むならそれほど難しいことではないだろう。文章を読むことに没頭したことのある子は、そうでない子よりも読解力のテストの成績が良いというデータもあるが、学力の基礎としての読解力を高めるだけでなく、集中力を高めるためにも、本に親しむのは大事なことである。

スマートフォンの弊害についてはよく耳にすると思うが、スマートフォンの使用が集中力を失わせるだけでなく、たとえ使わなくてもスマートフォンが目につくところにあるだけでも気が散りやすく、成績が悪くなることが、課題に取り組ませる実験で証明されている。

食事の後など、家族がテレビを見ているそばで勉強をしているという人もいるが、それでは勉強しているつもりでも実際は集中力が低下し、効果的な学習になっていないことが多い。

何らかの知的な課題を遂行中には頭の中で情報処理が行われているわけだが、そのような記憶の働きをワーキングメモリという。ワーキングメモリは、国語や算数などの成績と関係することから、学習能力の基礎となっているとみなすことができる。

勉強をしているときに、テレビの音声や家族の話し声など、意味のある音が聞こえているると、無意識のうちに注意力の一部がそちらに向いてしまい、ワーキングメモリの一部がそれに費やされ、集中的に勉強に振り向けることができない。

勉強していても集中力が続かず、気が散りやすいという人もいるだろう。参考書を読んでいるつもりでも、ふと気がつくと上の空で字面だけ目で追っていた、というようなことにもなりがちだ。そんな調子だと学習活動が阻害される。

気が散るのを防ぐべく、空想に耽《ふけ》ったり思い出に浸ったりするきっかけとなりそうなものを机の周りから片づけるというような工夫も必要だろう。

家では勉強に集中できないという人もいる。その場合は、図書館で勉強するという手もある。

これは、社会的促進効果を狙ったものだ。社会的促進というのは、傍らで同じ作業をしている他者がいる方がひとりで作業するよりも能率が上がるなど、他者の存在が作業の促進や成績の向上につながることを指す。

社会的促進は人間以外の生物にもみられ、生物に共通にみられる現象と言ってもよい。

たとえば、離乳したばかりのラットを用い、一日おきに単独で食べさせたり、仲間と一緒に食べさせたりした実験では、単独でいるときより仲間と一緒にいるときの方が一貫してよく食べていた。アリの巣づくりの観察実験でも、単独で巣づくりするときより仲間とペアになって巣づくりするときの方が、明らかに一匹あたりが掘り出した土の量が多いことが確認されている。

このような社会的促進効果を考慮すると、友だちと一緒に図書館に行って勉強するなど、集中力を維持しやすい学習環境を設定することも大切だ。ただし、その場合は、勉強に対するモチベーションの高い友だちでないと、かえって気が緩み、一緒にさぼってしまうことにもなりかねない。適切な友だちが見あたらないときは、ひとりで図書館に行くのもよいだろう。

図書館の場合、友だちと一緒という意味での社会的促進効果だけでなく、知らない人たちとの間での社会的促進効果も働く。図書館に行けば、周りの席の人たちが勉強や読書に集中している。そんな中に交じると、自然と集中力が高まるものである。

レジリエンスを高めるように意識する

人生に逆境や挫折はつきものである。勉強に限らず、部活でも習い事でも、将来の仕事でも、成果を出していくには、困難に負けずに粘り続けることが求められる。そこで大切なのが諦めない心、言い換えれば逆境に負けずに前向きに人生を切り開いていく力である。

そうした力は、心理学の領域ではレジリエンスとして研究が行われてきた。レジリエンスの研究は、逆境に強い人と弱い人がいるが、その違いはどこにあるのかという疑問に発している。レジリエンスとは、元々は物理学的には弾力、生態学的には復元力をさすものであり、心理学的には回復力、立ち直る力を意味する。

なかなか思い通りの結果が出ないとき、あるいは必死に頑張ったのにうまくいかなかったときなど、だれでも落ち込むものだが、そこからすぐに立ち直り前向きの気持ちになれるタイプと、いつまでも引きずるタイプがいる。前者がレジリエンスの高いタイプ、後者がレジリエンスの低いタイプだ。

何でもそうだが、努力すれば必ず成果が出るというわけではない。いくら頑張っても、なかなか思うような成果につながらないというのは、じつによくあることだ。そこで投げやりにならずに粘ることができるかどうかが問われる。

では、レジリエンスの高い人は何が違うのか。レジリエンスの高さに関係する個人の特性については、さまざまな研究成果が報告されているが、それらを総合すると、レジリエンスが高い人は、つぎのような性質を身につけていると考えられる。

①自己肯定感が高く自己受容ができている
②楽観的で未来を信頼している
③忍耐強く、意志が強い
④感情をコントロールする力がある
⑤好奇心が強く、意欲的
⑥創造的で洞察力がある
⑦社交的で、他者を信頼している
⑧責任感があり、自律的
⑨柔軟性がある

この種の研究をみると、なるほどと納得できる結果が並んでいる。自己肯定感が高く、楽観的で未来を信頼し、忍耐強く、感情をうまくコントロールできる人が、逆境にあっても、困難にめげずに前向きに人生を切り開いていけるというわけだ。

どうしたらこのようなレジリエンスの高い人になれるのか、とても自分には無理だ。そう思う人も少なくないはずだ。実際、これらすべてを兼ね備えている人など滅多にいるものではない。レジリエンスを高めるには、これらのうち自分にも何とかなりそうな性質を意識して強化するというのが現実的だろう。

とくに重要なのが感情をコントロールする力を高めることだ。そこで大切なのが、感情反応より認知反応をするように心がけることである。

嘆いてばかりの人やすぐに落ち込む人は、何かにつけて感情反応をする傾向がある。一方、どんなときも前向きでいられる人には、認知反応をする傾向がみられる。ちょっとわかりにくいかもしれないので、具体的な例をみていくことにしたい。

思いがけない窮地に追い込まれたとき、「大変だ」「こんなの、もう嫌だ」「なんでこんな目に遭わなきゃいけないんだ」などと感情反応ばかりしていても先に進めない。そこで必要なのは、「さて、どうしたらいいんだろう」「とにかく今できることからしていかないと」といった認知反応である。

失敗をして叱られたとき、「もうダメだ、見捨てられる」「またやらかしちゃった、ほんとに自分はダメだな」と感情反応に陥っていては気持ちが落ち込むばかりだが、「こりゃまずい。何とか挽回《ばんかい》しないと」「同じ失敗を繰り返さないように注意しよう」というように冷静な認知反応ができれば、落ち込むよりも失敗を糧にしてパワーアップすることができる。

人から嫌なことを言われたとき、「なんであんなことを言うんだ、ほんとに嫌らしい」「頭に来た、もうやってられないよ」「何、あの態度、許せない」などと感情反応に陥ってしまうと、人間関係をこじらせるだけでなく、前向きの気分になれない。それに対して、「ああいう人だから仕方ないな」「どういうことなんだろう」「虫の居所でも悪かったのかな」というように感情的にならずに冷静な認知反応ができれば、人間関係を無難にこなせるし、ネガティブな気分に陥ることもない。

このように、何かにつけて感情反応をする人は、嘆いたり動揺したりするばかりで、建設的な方向になかなか歩み出すことができない。一方、認知反応をする人は、たとえ一時的な動揺はあっても、気持ちを切り替えて、建設的な方向に歩み出すことができる。それがレジリエンスの高さにつながる。そこを踏まえておき、感情反応でなく認知反応をするように心の習慣をつくっていくことが大切である。

もうひとつ大切なのは適度に自分を追い込むことである。

レジリエンスの高い人は、何らかの逆境を乗り越えた経験をもつものである。逆境に追い込まれ、立ちはだかる壁を何とか乗り越えようと必死にもがくことでレジリエンスが鍛えられる。

最近は厳しさを虐待とかパワハラと混同する風潮があり、親も学校の先生も子どもたちが厳しい状況に陥らないように過保護になりがちである。過保護な環境に守られて挫折せずに順調に来た人は、レジリエンスが鍛えられていないため、頑張っても思うような成果が出ないといった厳しい状況に耐えられず、心が折れてしまうといったことになりがちである。

そこで大切なのが、少しずつ挫折を経験すること、そのために厳しい状況に自分を追い込むことである。

子ども時代に強いストレスを経験するとレジリエンスが低くなると言われることがある。でも、その根拠となるデータをみると、強いストレスというのがいじめや虐待という非常に極端なものになっている。ここでいう挫折経験とか厳しい状況を乗り越える経験というのは、いじめや虐待というようなものではなく、頑張ってもなかなか思うような結果につながらないような状況を指している。

人間を使った実験はなかなかできないが、リスザルを使った一連の実験では、段階的にストレスにさらされることによってレジリエンスが高まることや、幼児期に軽いストレスにさらされたリスザルの方がストレスのなかったリスザルよりも青年期になってからの好奇心は強く、レジリエンスも高いことが確認されている。

こうしてみると、レジリエンスを高めるには、あえて厳しい環境に身を置くことも必要だとわかる。負荷をかけることで力がつき、ストレス耐性が高まるので、多少は無理しないと達成できない目標に向けて頑張ってみるとか、ちょっと無理をすることを心がけるのがレジリエンスを高めるコツと言ってよいだろう。

「無理しなくていい」「こうすればラクできる」「頑張らなくていい」といった安易なメッセージが世の中に溢《あふ》れている。だが、これらは無理をして頑張りすぎて心が疲れ切ってしまった人に向けての救いのメッセージである。人間というのは弱いもので、そのような安易なメッセージが目に飛び込んでくると、「えっ、無理しなくていいの?」「ラクをしていいんだ」「頑張らなくてもいいんだ」などと、悪魔の囁《ささや》きに惹《ひ》きつけられてしまいがちである。しかし、実際それでうまくいくことは稀《まれ》だ。

勉強でも何でも、がむしゃらに取り組むことで、必要な能力が徐々に開発されていく。適性というのは、がむしゃらな取り組み姿勢によってつくられていくものだ。追い込まれれば追い込まれるほど能力は開発され、取り組んでいる物事への適性が増していく。必死にならないといけないような状況に追い込まれると、総力を結集してがむしゃらに動くしかない。いわば限界への挑戦によって、潜在能力が引き出されるのである。

無理をしなければ、それまでの能力で足りるわけだから、潜在能力は開発されない。今の能力のままではなかなかうまくいかず、負荷がかかるからこそ、潜在能力が引き出されるのである。それは筋トレのメカニズムと同じだ。心も無理をするからこそ、多少の無理にへこたれない強い心に鍛えられていくのである。

第三章　自分の学習スタイルをモニターしているか？――メタ認知について

勉強ができる子はメタ認知ができている

自分自身の認知活動についての認知がメタ認知である。勉強に関して言えば、勉強するという認知活動を振り返り、その現状をモニターすることにより、問題点を把握するのがメタ認知の働きと言える。

たとえば、学習内容に関して、自分はちゃんと理解できているか、どこかでつまずいていないか、よくわからなかったのはどこかなどと振り返ったり、問題を解いている際にも、自分は今どんな解法を用いているか、それはこの問題に有効だろうか、他に方法はないだろうかなどと振り返りつつ取り組んだり、間違った際には、自分の手順のどこがまずかったか、何を思ってそういう間違いに至ったか、自分はどういう間違いをしやすいかなどと振り返ったりするのがメタ認知である。

メタ認知がうまく機能していない場合は、自分の勉強の仕方に問題があっても、それに気づくことができず、不適切なやり方を続けるため、成績の向上が期待できない。

メタ認知が適切に働いていれば、自分の勉強の仕方に問題点があるかどうかをチェックし、問題点があればそこを改善するための対処行動を取ることができる。それによって成績の向上が期待できる。

学習活動に関するメタ認知の研究としては、本人自身の理解度判断と実際の試験の成績のズレについての研究が盛んに行われてきた。いわば、本人の予想と実際の成績のズレについての研究だ。ズレが大きいということは、自分の理解度の現状をきちんと把握できていないことを意味する。

そうした研究によってわかったのは、実際に成績の良い人はズレが小さく、成績の悪い人は自分の理解度や成績を過大評価するという形のズレが大きいということである。

たとえば、心理学者ハッカーたちが大学生を対象に行った実験では、テスト成績をもとに五つのグループに分けて、本人のテスト成績の予想と実際のテスト成績とのズレを確かめている。

その結果をみると、テスト成績の最も悪かったグループだけが実際より高い得点を予想しており、他の四つのグループは、ほぼ実際の得点に近い成績を予想していた。ここから成績がとくに悪い人たちではメタ認知がうまく機能していないことがわかる。

より詳しくみていくと、成績が最も優秀なグループは平均して83％の成績を予想し、実際に平均して86％の成績を取っていたが、成績が最も悪いグループは平均して76％の成績を予想しながら、実際には平均して45％の成績しか取れていなかった。このように、とくに成績の悪い学生たちが、自分の成績を著しく過大評価するという形のバイアスを示すことが確認されている。その後の試験でも同じ手続きを取ったところ、成績の最も悪いグループのみが大きなバイアスを示し続けた。

このように、とくに成績の悪い人物が大きなバイアスを示すという傾向が一貫してみられるが、まさにこれこそが、筆者が「わかったつもり症候群」と名づけたものである。「わかったつもり症候群」というのは、自分の理解度を正確にモニターすることができないため、自分の現状の問題点に気づくことができず、そうした気づきの欠如が危機感の欠如を招き、その結果、何の改善策も取られず、成績の低迷が続くというものである。

成績低迷の大きな要因のひとつとして、このようにメタ認知の欠如により「わかったつもり」になっているということがあるといってよいだろう。

心理学者のダニングとクルーガーは、成績が悪いのにそうした自分の問題に気づけない人たちの理解力を鍛えれば、自己認知が進み、自分の能力の問題に気づけるのではないかと考えた。そして、能力の低い人物に自分の能力の現状を認識してもらうための介入実験を行っている。

その結果、読書をすることで認知能力を鍛えれば、自分の能力を過大評価する傾向が弱まることが証明された。読書により読解力が高まることは多くの研究により実証されているが、それによって自己認知能力も高まり、「わかったつもり症候群」から脱することができるというわけである。

もっと直接的にメタ認知のトレーニングをするという方法もある。知能が遺伝に大きく規定されているのに対して、メタ認知能力はトレーニングによっていくらでも向上させられることが、さまざまな実験によって証明されている。「わかったつもり」を防ぐために、メタ認知的モニタリング（つぎの項で具体的に説明する）の姿勢を植えつけるトレーニングを行うことができる。

心理学者のデルクロスとハリントンは、メタ認知的モニタリングの能力向上のためのトレーニングを行っている。そこでは、「問題を注意深く読んだか」「問題を解くための手がかりは見つかったか」など、問題そのものやその解法についてじっくり考えるように導く質問を行い、また何点くらい取れたかを尋ねた。

その結果、そのようなトレーニングを受けたグループは、受けなかったグループと比べて、成績が向上するとともに、予想と実際の成績のズレも改善されることが示された。

このような結果は、メタ認知的モニタリングを促すトレーニングによって、問題をめぐってじっくり考える姿勢が促され、同時に自分の理解度に関してもじっくり振り返る姿勢が促されたと解釈することができる。

ここから、「わかったつもり」を防ぎ、成績の向上を目指すには、勉強しているときの姿勢や問題を解いているときの姿勢を振り返るように心がけるのが有効だとわかる。

メタ認知的モニタリングを常に機能させる心の習慣が身につけば、日頃の自分の勉強の仕方の癖に気づくことができる。

たとえば、担任の先生はお気に入りの子たちにはよく声をかけているのに、自分にはあまり声をかけてくれないことから、「私は先生から嫌われている」とか「先生はあの子たちをひいきしている」というように思っているとする。そうなると、「どうせ嫌われてるんだし」ということでモチベーションは上がらず、当然のことながら成績は悪化しがちである。

でも、きちんとメタ認知的モニタリングができていれば、「私は先生の前では緊張しすぎて、張り詰めた雰囲気になるから、先生も声をかけにくいのかも」「あの子たちは、自分から先生に気安く話しかけるし、いつも笑顔で話すけど、私は先生と話すときはいつも緊張して真顔になっちゃうし、あの子たちみたいに先生に冗談を言うこともないから、きっと先生も取っつきにくいんだ」と考えることができる。そうすると、自分が嫌われているわけではないと思うことができるため、後ろ向きの気持ちにならずにすむし、勉強に対するモチベーションも低下させないですむ。

試験の成績が悪かったときも、「頭が悪いのかな」「僕は勉強に向いてないのかも」などと思えば、モチベーションは下がり、「どうせ勉強しても無駄だ」と開き直ってしまうため、成績の向上は期待できない。

でも、メタ認知的モニタリングができれば、たとえば宿題のやり方について、「成績の良い○○ちゃんは、遊んで帰ってても、いつもきちんと宿題をやってくるけど、僕は遊んで帰ると疲れちゃって、まあいいかって思って、いつも宿題をやらずに寝てしまうからダメなんだ」「宿題やらなくちゃって思っても、ついテレビを見たり、ゲームをしたりしているうちに遅い時間になって、宿題を適当に片づけることになってしまってるなあ」などといった気づきが得られ、投げやりにならずにすむ。そして、宿題をする時間をどう確保するかを考えるなどの対処行動を取ることもできる。

授業中の取り組み姿勢についても、「授業中、いつも隣の子としゃべってて、先生の話を聞いてないからいけないんだ」「授業中はおしゃべりしないようにしているけど、ついつい空想に耽《ふけ》ってうわの空になっちゃうから、授業の内容がわからなくなっちゃってる」などといった気づきが得られ、授業中の態度を改める方向に歩み出すことができる。

成績の良い子の頭の中では、このようなメタ認知が自然に機能しているものである。自分はできていないなと思えば、メタ認知的モニタリングを意識するようにしたい。

メタ認知のメカニズム

ここでメタ認知について、少し専門的な観点から整理しておきたい。

まずはメタ認知の構成要素についてだが、メタ認知的知識とメタ認知的活動に大別できる。

メタ認知的知識というのは、学校の勉強という意味での学習活動に関していえば、どうすれば勉強ができるようになるか、どうすれば授業についていけるようになるか、どうすれば試験で良い点を取れるようになるか、というようなことに関する知識である。

この章の最後の項で、さまざまなメタ認知的知識について具体的に解説することにしたい。

メタ認知的活動というのは、同じく学習活動に関していえば、自分の現状を振り返って、勉強がうまくいっているかどうかをチェックし、うまくいっていないときには問題点を明らかにし、勉強の仕方を修正していくことを指す。

メタ認知的活動は、自分の学習活動の現状を評価し、うまくいっていない場合は問題点を明らかにするメタ認知的モニタリングと、それに基づいて学習活動がうまくいくように勉強のやり方を工夫したり修正したりしていくメタ認知的コントロールに分けることができる。

メタ認知的モニタリングというのは、たとえば授業中の自分の様子や家で宿題をしている自分の様子を振り返ったり、テストの結果を検討したりして、ちゃんと理解できているか、理解できていない点はどこか、適切な学習法を用いているか、学習姿勢に問題はないか、などをチェックすることである。

一方、メタ認知的コントロールというのは、モニタリングの結果に基づいて、学習への取り組み姿勢や学習計画、学習法を修正するなど、より有効な学習活動ができるように工夫し立て直すことである。

ただし、自身の学習への取り組み姿勢や学習法を適切にコントロールするには、メタ認知的知識を豊富にもっている必要がある。

メタ認知的知識を十分にもち、メタ認知的モニタリングやメタ認知的コントロールがうまくできれば、学習活動が順調に進み、成績が向上していくことが期待できる。

それに対して、メタ認知的知識が乏しかったり、メタ認知的モニタリングがうまくできなかったりすると、適切なメタ認知的コントロールができないため、学習活動に支障があっても、気づかなかったり、うまく修正することができなかったりして、成績は低迷しがちとなる。

メタ認知的モニタリング能力の発達

まずはメタ認知的モニタリングの能力がどのように身についていくのかをみていこう。
幼児や小学校低学年の子は、同じ間違いを何度も繰り返すことが多いと言われるが、それは自分の学習活動を振り返って解き方を評価したり修正したりというメタ認知ができていないからとみられる。いわば、メタ認知的モニタリングができないため、自分の弱点がわからず、学習の改善ができないのだ。

メタ認知的モニタリングの能力は、小学校中学年から中学校の年齢段階に伸びるとみなされている。

学習活動を有効に進めていくには、ちゃんと理解できているかなど、自分の学習状況をきちんとモニターする必要がある。それができるようになるのが小学校中学年以降、つまり一〇歳くらいからということになる。

メタ認知的モニタリング能力の発達を調べるために、心理学者マークマンは、小学一年生から三年生にゲームのやり方を説明する際に、肝心な部分を抜かした説明をして、そのことに気づくかどうかを確かめる実験を行っている。その部分の説明がないとゲームができない。

その結果、三年生は肝心な部分の説明が抜けていることに気づき、やり方がよくわからなかったと言うのに対して、一年生はそれに気づかず、わかったつもりになっており、いざゲームを始めようとしたときにやり方がわからないことに気づく、という感じだった。

つまり、小学校低学年では、自分がちゃんと理解できていないということがわからない。自分の理解度についてのメタ認知的モニタリングがまだできないのである。

これを学習場面に当てはめれば、小学校低学年では、授業中の先生の説明を聴いていても自分が理解できているかどうかがわからず、教科書や参考書を読んでいても自分が理解できているかどうかがわからないということになる。

そのため、先生の説明がわからなくても、自分が理解できていないことに気づかないままただ聴いている、教科書や参考書の内容がわからなくても、自分が理解できていないことに気づかないまままただ読んでいる、といった感じになっていることも十分あり得るのである。

小学校中学年以降になると、徐々にメタ認知的モニタリングができるようになる。つまり、自分の理解度がわかるようになってくる。

授業中の先生の説明を聴いていて、ここはよくわからないと気づくことができれば、注意深く聴いたり、先生に質問したりといった対処行動ができるが、気づけなければ対処行動を取ることもないため、しだいに授業についていけなくなる。

算数の文章題を示し、自分に解けそうかどうかを判断させる実験でも、小学校低学年の子どもたちは、自分では解けない問題でも解けると答える傾向があることや、実際は間違っていても正しく解けたと評価する傾向があることがわかっている。

小学校高学年になると、自分が正しく解けたかどうかを正確に評価できる子の比率が高まる。ただし、高学年でも十分正しい評価ができるわけではないこともデータで示されており、小学校高学年以降もメタ認知的モニタリングの能力は発達し続けるようである。

このような能力の発達には大きな個人差があるので、小学校低学年なのにメタ認知的モニタリングができる子もいれば、小学校高学年になるのにメタ認知的モニタリングがうまくできない子もいる。それが学業成績に影響するのは十分にあり得ることである。

理解のメタ認知的モニタリングの姿勢が身についていけば、授業の理解度は高まり、成績も向上していくことが期待できる。

小学校中学年以降になってもメタ認知的モニタリングができていない場合は、自分の理解状況をモニターしながら授業を聴いたり、自分の理解状況をモニターしながら教科書や参考書を読んだりすることを意識しながら学習活動に取り組むようにすべきだろう。

メタ認知的コントロール能力の発達

メタ認知を学習活動に活かすには、メタ認知的モニタリングに加えて、メタ認知的コントロールが必要になる。

メタ認知的モニタリングができていれば、それをもとにメタ認知的コントロールをすることになるが、いずれも幼いうちから自然にできるわけではない。

メタ認知的モニタリング能力の発達については前項で解説したが、メタ認知的コントロールも、同じく小学校の中学年くらいからできるようになるとみられている。

メタ認知的コントロール能力の発達を調べるために、心理学者のデュフレスンとコバシガワは、小学生に一連の言葉を覚えさせるという実験を行っている。

いくつかの言葉を覚える際には、ただ闇雲に覚えようとするのではなく、ある種の戦略を用いるものである。覚えるべき言葉をひとつひとつ読んで頭に刻もうとするわけだが、その都度覚えられたかどうかをモニターし、頭に入りにくい言葉は繰り返し読んで覚えようとする。あまり意識しないかもしれないが、そうした戦略を自然に取っているものである。

つまり、メタ認知的コントロールが自然にできている大人からすれば、覚えにくい言葉に多くの時間をかけるのがふつうである。

実験の結果を見ると、一〇歳児や一二歳児は覚えにくい言葉に多くの時間をかけたのに対して、六歳児は覚えやすい言葉にも覚えにくい言葉にも同じくらいの時間をかけていた。このように、六歳児には覚えにくさによって時間配分を変えるといった戦略がみられなかった。

こうした実験結果から明らかなように、六歳児はまだメタ認知的コントロールができない。「覚えにくいことがらの学習に多くの時間を配分すべきである」というメタ認知的知識をもっていないか、あるいはそうした知識を実践に活かす習慣が身についていないのである。

心理学者の岡田涼《おかだりょう》は、小学三年生と四年生を三年間追跡調査しているが、メタ認知的コントロール力は学年と共に上昇していくことを確認している。その調査では、勉強しているときは内容がわかっているかどうかを確かめながら勉強する、勉強するときは最初に計画を立ててから始める、勉強しているときは学んだ内容を覚えているかどうかを確かめる、勉強でわからないときはやる順番を変える、などといったメタ認知的なことを心がけているかどうかを調べている。

この調査では、厳密にいえば、メタ認知的コントロールだけでなくメタ認知的モニタリングも込みにして調べている。たとえば、どこがわからないのかをモニタリングできなければ、わからないところを重点的に学習するというメタ認知的コントロールができない。その意味では、メタ認知的モニタリングとメタ認知的コントロールを切り離して調べるのは難しいし、両者は絡み合って発達していくのだろう。

いずれにしても、このような実験や調査の結果により、小学校低学年ではまだメタ認知的コントロールができないことがわかる。さらには、難しい課題により多くの時間をかけるという形の学習時間の有効な配分が、小学校中学年以降に徐々にできるようになっていくことがわかる。メタ認知的コントロールを行う能力が、小学校中学年から高学年にかけてどんどん発達していくようである。

そして、小学校六年生にもなると、メタ認知的モニタリングの結果に基づくメタ認知的コントロールを積極的に行うようになる。たとえば、わかりにくい箇所は読み直したり、重要と思われる箇所は要点をまとめたり、難しいところを読む際には速度を落としたりといった工夫をする。

ただし、そのようなメタ認知的コントロールをする能力にも大きな個人差がある。そして、メタ認知的コントロールができる子ほど成績が良いという結果も得られている。

こうしてみると、学習活動を有効に進めていくには、メタ認知的モニタリングとメタ認知的コントロールが必須であり、その両者を意識して行うことが成績の向上につながっていくと言ってよいだろう。

メタ認知的知識の発達

学習活動でメタ認知的コントロールを適切に行うには、こうすれば学習活動が促進されるというメタ認知的知識をもっているかどうかが問われる。

さまざまな知見により、幼児はまだメタ認知的知識はほとんどもっていないが、児童期後半になるとさまざまなメタ認知的知識をもつようになるとされている。つまり、メタ認知的知識は、メタ認知的モニタリング能力やメタ認知的コントロール能力と同じく、児童期後半に著しく発達するようである。

たとえば、未就学児や小学生に、何かを忘れることがあるかを尋ねると、小学生はほぼ全員が「ある」と答えるのに対して、未就学児の約三割が「ない」と答えるというデータがある。これにより、小学校に入学する前の幼児は、「人は忘れることがある」という知識をまだもっていないことがわかる。

メタ認知的知識をもっているかどうかを調べるために、四歳の幼児に何枚もの絵を見せ、何枚覚えられるかを尋ねるという実験も行われている。その結果、実際には三枚ほどしか覚えられないのに、過半数の子が全部覚えられると答えていた。これも、四歳の幼児が記憶容量や自分自身の記憶能力についてのメタ認知的知識をもたないことを示すものと言える。

幼児や小学生を対象に、逐語再生と要旨再生のどちらがやさしいかを尋ねるという実験も行われている。逐語再生とは、聞いた内容をそのまますべて思い出すことを指す。それに対して、要旨再生とは、聞いた内容を自分の言葉に要約して思い出すことを指す。

逐語再生より要旨再生の方がやさしいのは、大人には当たり前のことだが、実験結果によれば、幼児や小学一年生にはそれがわからない。「逐語再生の方が要旨再生より難しい」というメタ認知的知識をもっていないのだ。小学三年生や五年生になると、それがわかるようになるが、要旨再生の方がやさしいと答える比率は年齢が上がるに連れて高まっていく。

　同じく、メタ認知的知識をもっているかどうかを調べるために、小学一年生、三年生、そして大学生を対象に、それぞれ記憶容量を上回る枚数の絵を覚えさせ、その後に再生テスト（思い出すテスト）を行い、その後でまた覚え直す再学習の時間を与えるという実験も行われている。

　この実験のポイントは、再学習の際に、テストで覚えていなかった絵を重点的に覚えようとするかどうかである。

　結果をみると、小学三年生や大学生はテストで覚えていなかった絵をとくに選んで覚えようとする傾向がみられたが、小学一年生ではそうした区別が行われなかった。「覚えていないことがらを重点的に再学習すべきである」というメタ認知的知識をもっていないのだ。

　このようにみてくると、実験や調査により多少の年齢のズレがあるにしても、メタ認知的知識の獲得は、小学校の中学年以降に急速に進展していくことがわかる。

　ただし、知識というのは、自然に身につくのを待つだけでなく、意識して積極的に身につけることもできるものである。メタ認知的知識も同様である。ゆえに、学習活動を有効に進めていくためには、メタ認知的知識を積極的に身につけるのが役立つはずである。それにより、メタ認知的コントロールがより有効に行えるようになる。

では、有用性の高いメタ認知的知識にはどのようなものがあるのか。それについては本章の最後の項で示すことにしたい。

メタ認知的モニタリングのいろいろ

メタ認知的コントロールを適切に行うには、メタ認知的知識を身につけていることが前提となるだけでなく、メタ認知的モニタリングができなければならない。まずは自分の現状を把握できなければ、有効な改善ができないのは当然だろう。

では、メタ認知的モニタリングにはどのようなものがあるのだろうか。

メタ認知的モニタリングとひと口に言っても、試験を受けている最中に、ちゃんと解けているか、うっかりしたミスはないかなどと自分の解答状況をチェックするモニタリングもあれば、試験の準備勉強をしている際に、試験対策がちゃんとできているか、重要な事柄がちゃんと頭に入っているかをチェックするモニタリングもあり、さらには答案用紙が返ってきた際に、どこができなかったか、自分の弱点がどこにあるかをチェックするモニタリングもある。いわば、課題に取り組んでいる最中のメタ認知的モニタリングと、その前後のメタ認知的モニタリングである。

このように学習活動のあらゆるプロセスでモニターすべきことがあるわけだが、そうしたことを前提として、メタ認知的モニタリングを分類しようという試みもある。

そのひとつに、進行モニタリングと反映モニタリングに分類するものがある。

進行モニタリングというのは、学習活動に取り組んでいる最中のモニタリングのことである。

たとえば、授業中に先生の解説を聴きながら、自分の取り組み姿勢や理解の度合いをチェックしたり、試験の最中に問題を解きながらこの方法で良いか、答は間違っていないかをチェックするなど、現在進行中の学習活動をモニターするものである。

反映モニタリングというのは、学習活動に取り組んだ後で、自分の取り組み姿勢や課題のでき具合を振り返ったりする際のモニタリングのことである。

たとえば、授業の後に、授業にちゃんとついていけているか、授業中の取り組み姿勢に問題はないかを振り返りながらチェックしたり、試験が終わってから自分のでき具合を振り返って、理解不足だった点を反省したり、試験の結果を見ながらどんな問題ができていないか、できなかった場合はなぜできなかったのかに着目し、自分の弱点や克服すべきことがらをチェックしたりするなど、学習活動を振り返って行うものである。

ただし、授業中と授業の後、あるいは試験中と試験の後だけでなく、授業の予習をするときに重要な点を考えたり、自分の理解度をチェックしたり、試験前にどこが出そうかとか、どこが難しいとか、どこがまだ理解不足だとかをチェックしたりすることもあるだろう。それは、学習活動中のモニタリングでも学習活動後に振り返るモニタリングでもない。

そこで、学習活動中のオンラインメタ認知的モニタリングと、事前段階のオフラインメタ認知的モニタリング、事後段階のオフラインメタ認知的モニタリングの三つに分ける分類も行われている。

授業の予習の際に、教科書の今度学ぶことになる章を読みながら、何が重要なポイントか、そこは理解できそうかどうかチェックしたり、試験前に、こういう問題が出たらどの公式を使えば良いかを考えたり、試験範囲の自分の理解度・習熟度を振り返りながら準備勉強の計画を立てたりするのが、事前段階のオフラインメタ認知的モニタリングである。

学習活動中のオンラインメタ認知的モニタリングは、この項のはじめのほうで述べた進行モニタリングのことである。同じく、事後段階のオフラインメタ認知的モニタリングは、反映モニタリングのことである。

勉強ができる子は、ただ漠然と授業の予習をしたり、授業を受けたり、宿題をしたり、試験問題を解いたりしているわけではなく、このように学習プロセスのあらゆる段階においてメタ認知的モニタリングを行っているのである。

理解度についてのモニタリングの様相

授業を受ける際も、家で宿題をしたり予習をしたりする際も、自分の理解度をモニターしながら学習活動を行うのが基本だが、それが自然にできている子とできていない子がいる。

成績の良い子は、たとえば授業中、先生の説明を聴いていてわからないところがあると、どうにも気になって仕方がなく、その場で質問したり、授業の後に先生に廊下で、あるいは職員室で質問したりして、何とか理解しようとする。先生に質問するのがどうしても苦手な場合は、家に帰ってからノートや教科書を読み返しながら、何とか理解しようと努める。

一方、成績の悪い子の場合は、授業もただ何となく聞いているだけで、わからないところがあったとしても質問したり後で調べながらじっくり考えたりということをしない。そもそも自分が理解できているかどうかが気にならない。理解度のモニタリングを行う習慣が身についていないのだ。

そのため、試験で悪い点数を取ったときなどに、はじめて自分が理解できていないことに気づいたりする。試験で悪い点数を取っても、何も気にならない子もいる。自分の理解度についてのモニタリングがまったく行われないのである。

授業中の姿勢に関して、先生の説明を成績の良い子は「聴いて」いて、成績の悪い子は「聞いて」いるというように、漢字を使い分けたことに気づいただろうか。

「聴く」の「聴」は、講演を聴く、コンサートホールで音楽を聴く、聴診器を当てて心臓の鼓動を聴くなど、注意を集中してきくときに用いられる。

一方、「聞く」の「聞」は、上の階の騒音が聞こえてきてイライラする、隣の席の人たちの話し声が聞こえてきてうるさい、野球の試合を中継しているテレビの音が聞こえるため宿題に集中できないなど、きくつもりはなくても自然にきこえてくる場合にも用いられる。

そうすると、授業中の先生の話は意識を集中して聴くべきだということになる。何となく聞いているようだと、しだいに授業についていけなくなってしまう。そこで大事なのは、意識を集中し、自分が理解できているかどうかをモニターしながら聴くことである。

認知科学者のチーたちは、大学生を対象にして、問題を解く際に、考えていることをすべて声に出しながら取り組んでもらうという実験を行っている。それにより問題を解いているときに頭の中で何を考えているかを知ろうというのである。

その結果、成績の良い学生は、自分自身の理解度についてのつぶやきが多いことを見《み》出《いだ》している。これにより、勉強をする際にも、試験問題に取り組む際にも、自分自身の理解度を絶えずモニターしながら進めることが大切だということがわかる。

考えてみれば当たり前のことなのだが、成績が思わしくない場合は、改めて理解度のモニタリングを意識する必要があるだろう。

理解を妨げる要因のモニタリング

成績向上のためにはメタ認知的モニタリングをしっかり行うことが大切だということがわかるが、モニターすべきは自分の理解度だけではない。

もうひとつモニターすべき大事なポイントがある。それは、理解を妨げている要因である。自分の理解を妨げている要因は何かといった視点から、自分の学習姿勢や学習成果をモニターする必要がある。

それができていないと、不適切な学習の仕方を取り続けることになり、成績の向上は望めない。そんなことは当たり前ではないかと思うかもしれない。だが、そう思うのは、メタ認知的モニタリングがきちんとできているからであり、成績が思わしくない子の場合は、それがうまくできていない。

逆に言えば、成績が思わしくない場合は、そうしたモニタリングを意識して行うだけでも、成績が向上していくことが期待できる。

たとえば、授業に出ていてもよくわからないとき、「わからない、もう嫌だ」「授業なんてつまらない」「勉強なんて嫌いだ」といった反応をする子がいる。これではますます授業についていけなくなり、「わからない」「嫌だ」「つまらない」「勉強なんて嫌いだ」といった思いが強まるばかりだ。

そのようなケースでは、授業についていけていないことはわかっても、なぜわからないのか、どうしたらわかるようになるのかといった視点が欠けていることが多い。だから学習への取り組み方に改善がみられず、授業がよくわからないままになってしまう。当然のことながら成績は良くならない。

そこで必要なのは、改善すべき点を探すつもりで自分の学習活動をモニターするメタ認知的な姿勢だ。「どうしてわからないのか」「なぜできるようにならないのか」「どうしたらもっとわかるようになるか」「どうしたらもっとできるようになるか」といった視点から、自分自身の日頃の勉強への取り組み方をモニターする心の習慣を身につけるのである。それによって自分の勉強の仕方の問題点が明確になり、改善策を考えることができる。

成績を良くするというと、とにかく勉強時間を増やさなければといった発想になりがちで、勉強への取り組み姿勢の問題点が見逃されやすい。自身の取り組み姿勢をモニターし、自分にとっての課題を見つけることができれば、そこを改善することで理解度が高まり、成績が良くなっていくはずである。

理解を妨げる要因として、自分自身の知情意の各側面の特徴が関係していることもあるので、そうした面についてのモニタリングも大切だ。

自分の知的側面に関するモニタリングとしては、知識や教養面の特徴や頭の使い方の特徴についての自己認知をチェックしてみる必要がある。

たとえば、昆虫採集に行ったり、山に遊びに行ったり、釣りをしたりするため、自然の生き物についての知識は友だちよりある方だから理科は得意だけど、ニュースとかはあまり見ないし社会の仕組みや社会問題はよくわからないため社会は苦手、という子がいる。

戦国武将の伝記を読んだのがきっかけで歴史が好きになり、歴史の本をよく読むから、歴史についての知識は結構あり、社会はわりと得意なのだけど、計算とか図形問題には興味がなく、問題を解く練習もしないから、算数はどうも苦手、という子もいる。

また、知識は結構ある方だけど、ひらめきがなく発想が乏しいのが弱点になっているといった自己認知をもつ子もいれば、発想力はある方だけど知識が乏しいのが弱点になっているといった自己認知をもつ子もいる。

自分の情緒面に関するモニタリングとしては、感情面の特徴についての自己認知をチェックしてみる必要がある。

たとえば、すぐに緊張するタイプで、人前で発言するのが苦手で、授業中に先生から指名されると慌ててパニックになってしまい、わかっていてもちゃんと答えられないことがあり、試験でもやたら緊張してしまい、ふだんはできることもできなくなって、実力を発揮できないことが多くて困るという子がいる。

また、好き嫌いが激しくて、先生に対してもそうで、好きな先生の科目はやる気になるけれども、嫌いな先生の科目はどうにもやる気になれないといった自己認知をもつ子もいる。

ちょっとしたことで落ち込みやすくて、試験で悪い点数を取ったり学期末の成績が悪かったりすると、気分がとても落ち込み、やる気をなくしてしまうという子もいる。

自分の意志面に関するモニタリングとしては、意志の強弱の特徴についての自己認知をチェックしてみる必要がある。

たとえば、自分は意志が弱くて、これからは宿題を毎日ちゃんとやるぞと心に誓っても、野球シーズンになると毎日のように野球のテレビ中継を見てしまい、宿題ができないことが多いという子がいる。

意志が弱いという子はとても多く、試験前はちゃんと準備勉強をする計画を立てるのだけど、友だちから遊びに誘われたり、面白そうなテレビ番組があったり、新しいゲームが出たりすると、つい誘惑に負けてさぼってしまうという子もいる。

納得する目標ができるとかなり頑張れるのだけど、はっきりした目標がないとダラダラしてしまうという子もいる。

このように自分の知情意の特徴についての自己認知をチェックしていけば、自分のどんな性質が理解の妨げになっているかがわかる。理解度を高めるには、そこをとくに意識して克服するように頑張ってみることができる。一気に解決するわけではないが、自分の知情意の各側面の弱点を知っておけば、その弊害を最小限に抑えることができるだろう。

ちゃんと勉強しているつもりなのに、思うように成果につながらないというようなときは、科目や分野の苦手なところや知情意の各側面の弱点を想定して、何らかの対策を立てる必要がある。

たとえば、人前で発言するのが苦手で、人前で話そうとすると頭の中が真っ白になってまともにしゃべれなくなってしまうといった自己認知があるなら、きちんと予習をし、教科書の大事なところに線を引いておいたり、思いつく具体例を書き込んでおいたりといった準備をすることで、少しは気持ちに余裕ができるはずだ。

学校ではグループ学習が盛んに取り入れられているが、人と話すときは気をつかうため、自分の意見をはっきり言いにくいし、人のことが気になって自分のペースでじっくり考えることができないというケースもあるだろう。そのようにグループ学習が苦手という自己認知がある場合は、グループ学習したところは放課後に図書室や家でちゃんと復習しておくことで、学習の欠落部分をカバーすることができる。

計算問題が苦手で、すぐに早とちりをして間違ってしまうことが多いといった自己認知があるなら、答を出した後で計算の手順が間違っていないかを確認するように心がけることで、うっかりしたミスを防ぐことができるだろう。

教科書をじっくり読んで考えれば理解できるのだけど、先生の解説を聴くだけで習った内容を理解するのが苦手だという自己認知をもつ場合は、余裕があれば、予習として教科書をじっくり考えながら読んでおくのがよいだろう。それが難しければ、授業中よくわからなかったところを後で自分のペースでじっくり考えて理解できるように、教科書やノートに印をつけておくように習慣づけることで、理解不足を補うことができるはずだ。

計算はわりと得意だけど、文章題はどうも苦手だという自己認知があれば、とくに文章題を解く練習に注力するといった対処ができる。図形問題が苦手だという自己認知があれば、図形問題を解く練習を重点的に繰り返すといった対処ができる。

文章題の問題の意図を取り違えて間違えることがあるといった自己認知や、人の話をちゃんと理解できないことがあるといった自己認知がある場合は、読解力に弱点があると考えられるので、読書をするように心がけ、読解力を身につけるようにするというような対処行動を取ることができる。

このように、自分の弱点となっているのは何かという視点から、日頃の学習状況をモニターし、理解を妨げている要因を取り除く工夫をすることで、有効な学習活動にしていくことができる。

勉強中の自分の認知状態をモニターしつつ学び方をコントロールする

自分の学習状況をモニターするといっても、何が得意で何が苦手というような勉強の内容についてだけでなく、勉強している最中の心の状態をモニターすることも必要となる。

机に向かって勉強してはいても、あまり頭に入っていないということもある。その場合、本人はちゃんと勉強しているつもりでも、実質的には勉強していないのと同じになってしまう。そのことに気づくかどうかに学習の成果が大きく左右される。

よくあるのが、形の上では勉強をしてはいても、頭の中の認知状態に問題があるというようなケースである。

たとえば、宿題をさぼることが多く、先生から親が呼ばれ、ちゃんと宿題するようにさせてくださいと言われたため、さぼらないように親がいるリビングで宿題をするようにさせたという家庭がある。そのお陰で宿題はするようになったのだが、授業内容の理解度に改善はみられないという。

この場合の問題は、本人は宿題をやってはいても、テレビの音や家族の話し声が自然に耳に入ってしまうことにある。そのため、本人が自分の認知状態をモニターすると、教科書を読んでいても、気がつくと同じところを何度も読んでいたりして、ほとんど何も頭に入っていないことがわかる。

テレビの音や家族の話し声によって集中力が阻害され、学習活動に専念できなくなってしまうのである。このようなケースでは、別の部屋で宿題をするか、家族と一緒の場ですするならテレビを消したりしゃべらないようにするなど家族に協力してもらう必要がある。

テレビを見ながら宿題をする習慣があるのだけど、ついテレビに集中してしまい、手が止まっていることが多く、宿題をするのにものすごく時間がかかって困るという子もいる。

その場合は、どうしても見たいテレビ番組を絞り、それを見るときはテレビに集中し、それ以外の時間はテレビを消して宿題をするというように、時間を区切ることで、どちらにも集中できるようにする必要がある。

部活とかで疲れていることが多く、机に向かって勉強しているとき、いつの間にか上の空になっており、教科書や参考書を読んでいても、ハッと気づくと何も頭に入っておらず、十数行も前に戻って読み直すというのを繰り返すことが多いという子もいる。これではいくら机に向かっていても、有効な学習活動にはならない。

その場合は、ときどき休憩を入れ体操をして血のめぐりを良くしたり、目覚ましを設定してごく短時間だけ睡眠を取ったりして、集中力の回復をはかる必要がある。

最近は、スマホにより集中力が阻害されるといったケースも多く、問題になっている。たとえば、スマホが鳴ったり光ったりすると、友だちからメッセージが入ったのではと気になってしまうし、メッセージを読むと返事をしなければと思うし、勉強していてもしょっちゅう途切れてしまい、なかなか勉強に集中できないという子もいる。

そのような場合は、「勉強中はスマホのスイッチを切ることにしたから」などと友だちに言っておき、勉強中はスイッチを切り、目につかないところにしまっておくといった対策を取るなど、勉強に集中できるようにする工夫が必要である。

スマホに関しては、たとえスマホを使わなくても、ただそばに置くだけで認知能力が低下し、頭を使う作業の成績が低下することが、いくつかの研究によって実証されている。認知能力が低下するということは、思考力や想像力が低下し、問題解決や発想の質が低下することを意味するので、勉強中はスマホを遠ざけるなどの対処が必要だ。

早く宿題を終えてゲームをしたいと思い、急いで宿題をやるため、どうしてもいい加減になってしまい、つぎの日に先生から叱られることが多いという子もいる。

これでは宿題をやる意味があまりないので、宿題が終わったらゲームをするというのではなく、何時から何時までは宿題を中心に勉強をして、何時になったらゲームをするというように、勉強する時間枠を決めるなどの工夫が必要だろう。

このように、勉強しているときの自分の認知状態をモニターすることで、自分の勉強の仕方の問題点に気づくことができ、そこを改善することで効果的に学習を進めることができるようになる。

メタ認知的知識があれば効果的な学習法を取り入れられる

自分の学習状況をモニターし、まずい点があればそこを改善すべく学び方をコントロールしようというとき、適切にコントロールするためには、どうすれば効果的な学習になるかについてのメタ認知的知識を身につけておく必要がある。

そこで、学校の勉強に関係するメタ認知的知識の主な枠組みを示すことにしたい。

①どのような読み方をすれば理解が進むか

読み方に関するメタ認知的知識が欠けている場合、読み方が悪いために苦戦していても、自分の読み方を改善することができない。

たとえば、自分自身の理解度を確認しながら読むとよいということを意識せずに読む場合、理解度を確認することなく、ただ漫然と読んでいるといったことになりやすい。また、わかりにくい箇所、難しいところはしつこく繰り返して読むとよいということを意識せずにいると、よくわからないと思いつつも、サラッと通り過ぎていき、理解できるようになるまで繰り返し読み返すということがないため、なかなか理解が進まない。

このようなことを知っておけば、効果的な読み方ができるようになる。

②どのように覚えれば記憶が定着しやすいか

記憶の仕方に関するメタ認知的知識が欠けている場合、覚えようとしてもなかなか覚えられずに苦戦している自分の覚え方を改善することができない。

たとえば、意味を考えながら覚えようとすると記憶に残りやすいということや、具体的なイメージを膨らますと記憶に残りやすいということを意識せずにいると、何でもただ丸暗記しようとして、なかなか記憶に刻まれないといったことになりがちである。試験直前ならそれでもうまくいくこともあるかもしれないが、丸暗記では長期にわたって記憶を維持するのは難しい。

このような記憶の仕方を知っておけば、大事なことを効果的に覚えることができる。

③どのようにすれば頭の中の考えを整理することができるか

思考の整理の仕方に関するメタ認知的知識が欠けている場合、頭の中に渦巻く考えがごちゃごちゃに絡み合い、うまく整理することができない。

たとえば、発想を練ったり、感想をまとめたりする際に、頭の中に思い浮かぶ思いや考えを図解するとわかりやすく整理できるのだが、それを意識せずに頭の中だけで考えをまとめようとすると、思いや考えをうまくまとめることができなかったりする。

このような頭の中の整理の仕方を知っておけば、うまく思いや考えをまとめることができる。

④どのような点に注意すればうっかりした誤答を防げるか

不注意なミスを防ぐためのメタ認知的知識が欠けている場合、ほんとうはわかっているのにうっかりしたミスをすることになりがちである。

宿題にしろ試験にしろ、たとえば問題を解いた後は検算をすればうっかりした誤答を防げるのだが、解きっぱなしで検算をする習慣が身についていないと、不注意によるミスを防ぐことができない。

このようなミスの防止法を知っておけば、不注意なミスによる失点を防ぐことができる。

⑤どのようにすれば重要な概念の理解が深まるか

抽象的な概念の理解のコツに関するメタ認知的知識が欠けている場合、説明を聴いてわかったつもりになっても、じつはよくわかっておらず、試験に出題されてはじめて理解できていないことに気づくといったことになりがちである。

たとえば、抽象的な概念は日常生活に当てはめて具体例を考えると理解しやすいのだが、それを知らないと、ただ説明を鵜呑《うの》みにして覚えようとするだけであるため、十分に理解できていないことが多い。日常生活の具体例に当てはめて理解することで、心から納得でき、生きた知識になっていくのである。

このような理解のコツを知っておけば、重要な概念を心から納得できるような形で理解することができる。

⑥ながら学習をしても大丈夫なのか

ながら学習に関するメタ認知的知識が欠けている場合、平気でながら学習をしており、机に向かう時間が長い割には成果が出せていないといったことになりがちである。

たとえば、ながら学習だと上の空になり、ほとんど頭に入らず、理解にも記憶にも支障が出るため、いくら勉強しても身にならないということを知らないのか、平気でながら学習をして、ちゃんと勉強したつもりになっている。宿題とか予習・復習とか、何らかの学習活動に取り組んでいるとき、テレビの音声が聞こえてきて気が散り、能率が落ちて困るといった経験をしたことがあるのではないか。それはテレビの音声に反応する部分が心の中にあり、認知能力の一部がそれに費やされ、作業に振り向けるべき認知能力が十分でなくなるからである。

このように、ながら学習の弊害に関する知識があれば、効果的な学習活動に修正していくことができる。

メタ認知的知識のいろいろ

メタ認知的知識が学習活動の改善に役立つことがわかったと思うが、最後に効果的な学習方法についての主なメタ認知的知識をまとめておくことにする。

・これから何を学ぶのかを意識することで理解が進む
・重要なことがらをきちんと頭に入れるには、覚えられたかどうかを確認しつつ、覚えられないことに絞って繰り返す
・教科書・参考書やノートを読む際には、ちゃんと理解できているかを自問自答しながら読む
・教科書・参考書やノートを読む際には、どこが重要かを意識しながら読む
・教科書・参考書やノートの大事なところには線を引く
・覚えるべき用語は、マーカーで色をつけたり、囲ったりする
・覚えるべきことがらは、意味を考えたり、具体的なイメージを膨らましたりすると、理解が深まるとともに、記憶に定着しやすい
・何でも丸暗記ですませていると、思考が深まらないため、理解の妨げになる

・重要なところは理解度を意識しながらゆっくり読む
・とくに理解しにくい箇所は、ゆっくり読んだり繰り返し読んだりする
・わかりにくいところは図解してみる
・学んだ内容を人に説明することで、理解が深まる
・学んだ内容を人に説明することで、理解不足のところがはっきりつかめる
・学んだ内容について、質問を作成することで読みが深まり、その結果として理解が深まる
・教科書や参考書の重要な箇所を要約したり、キーワードを抽出したりすることで、理解が促進されるとともに、読解力も高まる
・問題集などの問題を解く際は、機械的に解き進めていくのではなく、「何を求められているのか？」「この式を使えばいいのかな？」「この方法で間違いないか？」「計算は間違っていないか？」などと、自問自答しながら解いていく。
・頭の中の考えを整理するには箇条書きにしたり、図解したりしてみる
・評論文などは、著者が何を言いたいのかを考えながら読むと同時に、自分の心の中の

反応（共感や疑問など）を意識しながら読むと、理解が深まるとともに読解力が向上する

・小説などは、登場人物の気持ちを考えながら読むと、理解が深まるとともに読解力が高まる

・新たな概念や法則を習ったら、具体例を考えることで理解が深まる

・抽象的な概念は、実生活に関連づけて理解するようにする

・要点のまとめノートを作成することで成績が向上する

・苦手なところをはっきりさせておき、試験前に再学習する際に、そこに時間をかけるようにする

・練習問題をたくさん解くことで、弱点が把握できるし、弱点を克服できる

・間違った問題を繰り返し解くことで弱点を克服できる

・問題文が難しい場合は、自分の言葉で言い換えてみる

・検算をするなど、解答は必ず見直す

このような学習法についてのメタ認知的知識を頭に刻んでおくことで、同じく勉強するにしても、より有効な学習にしていくことができる。たとえ知的能力で劣っていても、メタ認知的知識を十分にもっていれば問題解決能力が高いというように、メタ認知的知識の有効性を実証した研究もあり、メタ認知的知識を十分にもつことは、学力を高めるための有力な武器になる。

このようなリストを見て、自分があまりできていないことに気づき、ショックを受ける人もいるだろう。でも、こうしたメタ認知を十分活用できている人などそういるものではない。そこで大事なのは、感情反応より認知反応を心がけるように自分に言いきかせることだ。そして、このリストの中で自分が今からすぐに取り入れられそうなものを選び、少しずつ自分の学習法をより効果的なものに改善していくことで、理解が深まり成績も伸びていくはずである。

第四章　読書と学力は密接に結びついている——読解力と認知能力について

読書の効用とワクワク感

建築家の安藤忠雄は、子どもたちと本との出会いの場を増やしたいといった思いのもと、親子で本を楽しめる施設「こども本の森」の建築に精力的に取り組んでいる。

「こどもは未来の宝。そしてこどもの心の成長のための一番の栄養が本です。こども時代の読書で、好奇心や想像力を育《はぐく》むことが大切です。私も若い頃、本を読むことで、建築家への夢と希望を膨らませました」という安藤は、「これからの時代は変化が大きく、何が起こるかわかりません。どんな状況に直面しても、自分の頭で考え、未来を切り開いていく力が必要です。そのためにも、こども時代にたくさんの本を読み、様々な文化に触れ、知的体力を養っておくことが大事です」と、読書の大切さを説く（朝日新聞、二〇二一年二月六日付）。

大学生が本をまったく読まなくなったと言われるが、そこには大きな個人差がある。

全国大学生活協同組合連合会が毎年全国の国公私立三〇大学の学生を対象に実施している学生生活実態調査によれば、大学生の不読率は、二〇〇四年から二〇一二年までは三〇％台半ばを推移していたが、二〇一三年に四割を超えてから上昇し続け、二〇一七年についに五割を超え、その後は五割前後を推移している。

このように本をまったく読まない大学生が約半数いる一方で、毎日一時間以上本を読んでいる大学生が四分の一ほどおり、いわゆる二極化が進行している。そうした読書傾向の差は、けっして大学生になって突然開いたわけではなく、幼児期や小学校時代に差ができはじめ、中学時代、高校時代としだいに拡大してきたのだろう。実際、毎日新聞社が二〇〇六年に実施した読書世論調査によれば、子どもの頃の読み聞かせが原点となり、小さい頃に本との接触が多い人ほど、成長してから本に親しんでいるという。

だが、本を読む習慣のない中高生や大学生が、幼い頃に読み聞かせをしてもらえなかったから自分は本を読めないんだなどと開き直ってもしようがない。この後みていくように、読書に知的発達を促す効果があるのは明らかなので、自ら読書習慣をつけるようにしたい。

その際、本を読むと学力が上がるから読書しなければと思っても、読書習慣のない場合、なかなか本を読む気になれないものである。勉強ができるようになるために読書が役立つといった視点だけでは、なかなか読書好きにはなれない。

そこで大事なのは、読書の楽しさ、読書が味わわせてくれるワクワク感に目を向けることである。読書は現実の制約を超えて、あらゆることを間接的にではあるが、経験させてくれる。自分の世界をどこまでも広げてくれる。そこに目を向ければ、読書がいかに楽しいかがわかるはずだ。役に立つから読むというのではなく、楽しいから読む。そうでなければ読書好きにはなれないだろう。

非日常を生きられる

日々生きている現実は、朝起きて学校に行き、授業を聴き、放課後に部活をしたり友だちとおしゃべりしたりして、帰宅後に宿題をやり、テレビを見たりインターネットをしたりして寛《くつろ》いで、入浴して寝る、といった感じで、毎日同じようなことの繰り返しで、ワクワクするようなことなど滅多にないものである。

だが、本の世界に入り込めば、毎日のようにワクワクできる。現実には学校と家の往復ばかりの日々を過ごしていても、本の中の世界ではさまざまな冒険の旅に出ることができる。

遠くの島に宝探しに出かけて、途中で海賊に襲われたり、船が座礁したり、島についても先住民に追いかけられたり、巨大なワニやヘビに襲われそうになったりと、絶体絶命のピンチを何とか切り抜けるなど、息をのむ展開が続く。

ロケットに乗って宇宙探検の旅に出かけ、月や火星に着陸し、探検し、地球に戻ろうとすると、他の星から来た宇宙船に遭遇し、攻撃され、命からがら何とか逃げ切って戻ってくる。

タイムマシンに乗って時間旅行に出かけ、戦国時代の戦の場に降り立ってしまい、刀や槍《やり》をもった武士に追いかけられたり、江戸時代に降り立ち、服装や髪型が変わっているため怪しまれ捕らえられてしまったり、未来の世界に行って見たこともない乗り物が行き交うのに圧倒されたりする。

こうした冒険物語の世界に浸ることで、退屈な日常の中でもワクワクするような非日常を疑似体験することができる。

そこまで怖《おそ》ろしい疑似体験などしたくないという人もいるだろうが、自分の趣味に合った本を選ぶことで、楽しい非日常の世界を疑似体験することができる。たとえば、動物や自然が好きな人でも現実には犬や猫を飼ったり、動物園に行ったり、牧場に行ったりして楽しむくらいのことしかできないだろうが、本の中では牧場で働きながら馬や牛と仲良く過ごしたり、さらに非現実的な世界ではアヒルやカモやシカやウリ坊と仲良しの友だちになったりできる。

家に帰って本を読み始めれば、そうしたワクワクする非日常の世界を疑似体験できるのである。学力がつくから本を読みなさいなどと言われると、本を読むことが苦行のように思えてしまうが、こうした読書の効用を知れば、本を読むのが楽しみになる。

ワクワクするような非日常の世界を疑似体験できるのは、何も本に限らず、テレビや映画やゲームも一緒だろうと思う人もいるかもしれない。だが、そこには大きな違いがある。

テレビや映画を楽しむ場合、つぎつぎに客観的に与えられる映像をただ受け身で楽しむことができる。ゲームの場合、こちらが反応する必要があるが、視覚的にも聴覚的にも向こうから与えられた刺激を受け取りながら楽しむことになる。だが、本の場合は、ただ文字列が与えられるだけで、そこから文章の意味を読解し、それにふさわしい映像を想像力を駆使して心の中に立ち上げていく必要がある。それができなければ楽しむことはできない。文字と映像では、楽しんだり理解したりするために必要となる読解力や想像力、イメージ構成力が著しく異なるのである。

映像を見た場合と映像を見ない場合で、その後の物語の創造性にどのような違いが出るかを確かめた実験がある。それは、物語の前半をテレビで見せ、あるいはラジオで聴かせて、物語の後半を自由に創作させるというものである。

その結果、テレビで前半を見せた場合より、ラジオで前半を聴かせた場合の方が、創作した後半は創造性の豊かな物語になっていた。

それは、テレビだと登場人物の姿も風景も、場面展開も、すべてが映像として与えられているため、視聴者は自ら想像力を働かせて人物像や風景や個々の出来事の様相などを構成する必要がないが、ラジオの場合は声しか与えられないので、登場人物の見た目も風景も個々の出来事の様相も聴取者が音声を手掛かりに読み解き想像して構成するしかないからだろう。

この実験には含まれていないが、前半を本で読ませるということをすれば、さらに創造性が発揮されるはずである。それは、考えてみれば当然のことと言ってよいだろう。本の場合、書かれている文字列を手がかりに、登場人物の容姿・容貌、服装、歩き方、しゃべり方、声、そのときどきの表情、周りの景色、状況、出来事の様相などを、読解力や想像力によって頭の中に能動的に構成しながら読み進める必要がある。そうでないと内容を理解できないし、楽しむこともできない。

ここに読書の偉大な効用があると言ってよいだろう。楽しみながら読解力や想像力を鍛えることができるのである。

心の友ができる

思春期には、友だちと自分を比べて劣等感を抱いたり、将来のことを考えて不安になったりと、情緒的に不安定になりがちである。そんなとき、気になっていることを何でも遠慮なく語り合うことができ、世界を共にできる親しい友だちを求める気持ちが強まるものである。でも、現実にはそのような友だちはなかなかいない。

各種調査データをみても、何でも話せる友だちがほしいという子がとても多いことがわかるが、そのような願いが強いことが、現実には何でも気兼ねなく話せる友だちがなかなか見つからないことをあらわしている。

とくに引っ込み思案でなかなか友だちができにくい人に限らず、表面上は多くの友だちと楽しくしゃべっているように見える人でも、率直に語り合える友だちを得るのはなかなか難しいようである。

大学生たちと話しても、「どう思われるかが気になって、友だちになかなかホンネを出せない」「ネットで拡散されたら嫌だから、うっかりしたことは言えない」「思っていることを話して退《ひ》かれたことがあって、ほんとうに気になっていることをだれにも話せなくなった」「友だちと一緒にいても、自分と話してても面白くないんじゃないかって気になり、けっこう気疲れする」などと言う。

このような心理傾向を対人不安というが、対人不安に関する授業のときは、いつもはやる気のなさそうな学生までが真剣に聴き入り、「まるで自分のことを言われてるようでした」「自分だけじゃないんだってわかってホッとしました」などと言ってくる。それだけ日本の若者には対人不安の心理を抱える人が多いのだろう。

でも、本の世界に入り込めば、何でも気兼ねなく話すことができ、いつでも行動を共にできる、ほんとうに親しい友だちが手に入る。

学校では楽しくしゃべりはしても放課後や休みの日まで親しくつきあう友だちがいないという人も、本の中の世界に入り込めば、放課後や休みの日も一緒に行動する気の合う仲間ができる。

ギャグを飛ばして笑うばかりの表面的なつきあいしかなく、ホンネを率直に話せる友だちがいないという人も、本の中の世界に入り込めば、気になることは何でも気軽に話せる友だちがいたり、親身になって話を聞いてくれる友だちがいたりする。

学校のクラスの雰囲気に馴染《なじ》めなかったり、仲のよい友だちができなかったりして、昼間の時間の大部分を過ごす学校に心から寛げる自分の居場所がないという人にとっては、図書室や家で読む本の中の世界での友だち関係が心の支えになっているということもある。本の世界が心の居場所になっているのだ。

このように現実世界ではなかなか手に入らない心の友が、本の中の世界では手に入り、現実世界では満たされない思いが本の中の世界では満たされる。読書によって心のエネルギーを補給することができれば、なかなか思うようにならない現実世界の厳しさに折れそうな心も癒《いや》され、前向きに生きる力が湧いてくる。

現実には会えない人に会える

世の中には、自分とはまったく違う境遇を生きている人、卓越した能力を発揮している人、人間的に偉大でとても魅力的な人など、じつにさまざまな人がいる。だが、現実に学校にいるのは似たような境遇の人が多く、自分より成績の良い人や運動神経の良い人、楽器演奏のうまい人がいても、世界的に有名な人など滅多にいるものではないし、魅力的な人はいても人間的に偉大というほどではない。

現実に知り合える相手は非常に限られている。著名な作家や思想家、学者、音楽家、画家、スポーツ選手など、どんなに興味をもっても、実際に会って話し、その人の経験や思いを聞くことなどできない。でも、自叙伝や伝記などを読むことで、そのような人

の人生に触れることができ、どんな人生を歩んできたのか、何を考え何を支えにしてきたのか、困難をどのように乗り越えてきたのかなどを知ることができる。

たとえば、有名なスポーツ選手に現実に会うことなどほぼ不可能だが、本を通せばそのような人の人生や言動に触れることができる。そこにはどんな厳しい練習にも耐え、なかなか成果が出せずに心がくじけそうになっても必死に自分を奮い立たせ、心身ともに鍛えられていった姿が描かれていたりする。それを読むことで、厳しい現実に嫌気がさしていた人や、なんで自分はこんなに苦労ばかりしなきゃいけないんだと嘆いていた人も、こんなことでくじけていてはいけない、自分も頑張らなくてはといった思いを強めることができる。

実業家として成功した著名人に現実に会うことなどほぼ不可能だが、本を通せばそのような人の人生に触れることができる。貧しい家に生まれ育ち、学校にもろくに通えず、まともな教育を受けられなかったのに、本を読んで独学で知識・教養を身につけ、立派な実業家になったという物語を読むことで、自分はずいぶん恵まれていると感じ、自分ももっと頑張らなければと思い、学校の勉強にも前向きに取り組めるようになったりする。

身近に接する親や学校の先生、学校の先輩や友だちにも素晴らしい人がいるかもしれないが、接する相手がそれだけでは視野が狭くなってしまう。本の中には古今東西の著名人がたくさん潜んでいる。本を開けば、遥《はる》か昔の偉人や地球の裏側の偉人の人生や言葉に触れることができ、自分がいかに狭い世界に生きているかを実感させられる。そこまで極端な偉人でなくても、読書を通してしか接することのできない人たちの人生や言葉に触れることで、心の世界を広げることができる。

読書を通して現実に出会えないような人たちと接している人と、現実の身の回りの人たちとしか接していない人では、心の世界の広がりに雲泥の差がついているはずである。

いろいろな視点が手に入る

このように現実に会えないような人たちの人生や言葉に本を通して触れることで、自分にはない視点が手に入り、物事をさまざまな角度から見ることができるようになるというのが、読書の大きなメリットと言える。それにより、現実世界の行き詰まりを解決するヒントを得ることができる。

前項では自叙伝や伝記の効用について指摘したが、実在の人物でなくても、多様な人物の生き方や言動に触れることの効用はとても大きい。たとえば、小説の登場人物の感受性や考え方に触れることで、「自分とはまったく違うな」と感じると同時に、「こんなふうに感じる人がいるんだ」「こんなふうに考える人もいるんだ」と新たな発見をすることがある。「この程度のことで、ここまで傷つく人がいるんだ」「こんな嫌な態度を取られても、思いやりをもってやさしくできる人もいるんだなあ」「こんなことで怒り出す人がいるんだ」「ここまで辛抱強いなんて、すごいなあ」「こんなふうに考えるのはよくないなあ。でもいるんだよな」「こういうふうに考えられたらいいな」などと、呆《あき》れたり感心したりしながら、人に対する理解力や共感性が高まっていく。また、自分自身が似たような状況に陥った場合も、読書で取り込んださまざまな視点を活かして、自分の気持ちをコントロールしたり、危機的な状況を乗り越えたりできる。

小説に限らず、評論やエッセイからも、さまざまな視点を手に入れることができる。著者の経験、それに対する著者の思いや考えに触れることで、「こういう問題は、こんなふうにとらえることができるのか」「たしかにこういうことはよくあるけど、あまり良いことではないんだな」「こういう発想の転換があるのか」「こういうふうに考えれば、たいていの困難は乗り越えられそうだな」などと、参考になる視点がたくさん得られる。

このように、読書を通して無数の人の人生や言動に触れることができ、さまざまな視点を自分の中に取り込むことができる。それは、現実の人生を前向きに生きていくための強力な武器になる。

さまざまな他者の視点を取り込めるだけでなく、自分自身に対する気づきを与えてくれるということもある。

たとえば、ハラハラドキドキする冒険の連続の物語を読みながら、ふと自分を振り返るとき、興奮しながら読み進めている自分を見つける。そのとき、いつもは何の変化もない日常を当たり前のように過ごしている自分も、じつはとても退屈しており、ほんとうはもっと刺激的な生活がしたいのだ、生きているという実感がほしいのだと気づいたりする。

小説を読みながら、週末になると森の中に入っていき、木登りしたり、小鳥や鹿としゃべったり、川を渡ったりして、非日常を楽しんでいる主人公になりきって興奮している自分を発見すると、自分はふだん都会生活にどっぷり浸《つ》かっているけれども、自然とのふれあいに飢えているのだと気づく。

放課後になると秘密の隠れ家に行き、学校にはいないような友だちと楽しく語り合う物語の世界を居場所にしている自分に気づくと、学校の友だちづきあいには消極的な自分も、じつは熱く語り合えるような友だちを求めていることがわかる。

このように本の世界に入り込み、ページをめくるのももどかしく感じるくらい夢中になっている自分に気づくとき、「自分はこんな世界を求めていたんだ」「自分はこんな仲間がほしいんだ」「自分はこんなことに興味があるんだ」ということに改めて気づくことができる。いろんな本を読み、読んでいる最中の自分の心の中の反応を知ることで、これまであまり意識することのなかった自分の一面を発見することができる。

読書が学力の基礎となる

このように読書は、ワクワクする疑似体験を与えてくれたり、現実に会えないような人の人生や言動に触れさせてくれたり、さまざまな視点を注入してくれたりするのだが、学力向上にも大いに役立っている。

国立青少年教育振興機構による「子どもの読書活動の実態とその影響・効果に関する調査研究」では、中高生および成人にみられる読書活動の影響・効果を調べている。

中高生についての結果をみると、子どもの頃に本や絵本を読んだ経験が豊かであればあるほど、読書が好きで、一カ月に読む本の冊数が多く、一日の読書時間が長くなっている。ここから、子どもの頃に本をよく読んでいた人ほど、中学生や高校生になってからも本をよく読んでいることがわかる。

さらには、そうした読書傾向が学力向上に貢献していることも示唆されている。子どもの頃の読書活動が多いほど、意欲・関心が高く、論理的思考能力が高いといった傾向を示すデータが得られているのだ。意欲・関心については、子どもの頃の読書活動が多いほど、「何でも最後までやり遂げたい」「わからないことはそのままにしないで調べたい」「経験したことのないことには、何でもチャレンジしてみたい」というように、意欲や関心を強くもっていることがわかった。論理的思考能力についても、子どもの頃の読書活動が多いほど、「複雑な問題について順序立てて考えるのが得意である」「考えをまとめることが得意である」「物事を正確に考えることに自信がある」というように、論理的思考能力に自信をもっていることがわかったのである。

このように、読書が学力の基礎となる知的好奇心や意欲、論理的思考能力の発達を後押しすることが実証されている。

また、蔵書数が多い家庭の子どもほど学力が高いというのは、さまざまな調査研究によって示されている。

たとえば、二〇一七年度に文部科学省によって実施された全国学力・学習状況調査の結果と、その対象となった小学六年生および中学三年生の子どもたちの保護者に対する調査の結果を関連づけた調査報告書では、蔵書数の多い家庭の子どもほど学力が高いことが示されている。

小学六年生のデータをみても、蔵書数が〇～一〇冊の家庭の子どもよりも一一～二五冊の家庭の子どもの方が学力が高く、それよりも二六～一〇〇冊の家庭の子どもの方が学力が高くなっている。一〇一～二〇〇冊の家庭の子どもの学力はさらに高くなっており、二〇一～五〇〇冊の家庭の子どもはそれ以上に学力が高く、五〇一冊以上の家庭の子どもの学力が最も高くなっていた。

ただし、裕福な家庭ほど蔵書数が多いだろうし、蔵書数は親の社会経済的背景と関係しているのではないかというのは、だれもが思うことであろう。実際、データを確認すると、そうした関係は明らかにみられる。社会経済的地位の高い親の家庭ほど、つまり学歴や収入が高い親の家庭ほど、蔵書数が多くなっていた。そうなると、家庭の蔵書数の多いことが子どもの学力を高めているわけではなく、親の学歴や収入の高さが蔵書数の多さや子どもの学力の高さをもたらしているだけなのではないかと思うかもしれない。

しかし、さらにデータを詳細に検討してみると、どうもそういうわけではないことがわかる。社会経済的背景を統制しても、家庭の蔵書数と子どもの学力は関係していたのだ。つまり、学歴や収入の低い層でも、高い層でも、それぞれの層の中では、蔵書数が多い家庭の子どもほど学力が高いという傾向がみられたのである。

こうしてみると、家庭の蔵書数が多いほど子どもの学力が高まるというのは確かであり、読書が学力向上につながるといってよいだろう。たとえ家に本があまりなくても、こうした知見を踏まえて積極的に読書をするように心がけることで、学力が向上していくことが期待できる。

子どもの学力は親の経済力しだい、どんな学歴を手に入れられるか、将来どのくらい稼げるようになるかも親の経済力しだいであり、裕福な家庭に生まれない限り、学力や将来の経済力に期待できないと考える人が多いせいか、親ガチャなどという言葉まで生まれ、若者たちの間に諦めムードが漂っている。

どんな親のもとに生まれるかで人生が決まってしまうけれど、子どもは親を選べない、それは運命として受け入れるしかない、といった意味合いで用いられているようである。これは、お金を入れて、ガチャッと回して、何が出てくるかは運しだい、ほしいものが出てくればアタリ、ほしくないものが出てきたらハズレとなる、ガチャポンとかガチャガチャと呼ばれるプラスティックの透明のカプセルに入ったオモチャに由来する言葉である。自分の将来に期待がもてるような家庭であれば「親ガチャ」アタリあるいは成功、期待がもてないような家庭であれば「親ガチャ」ハズレあるいは失敗というわけだ。

だが、先ほど紹介した調査研究の結果でもわかるように、読書によって生まれ育った家庭のハンディを乗り越えることができるのである。読書が学力格差を乗り越えるための最強の武器になるということの科学的根拠については、後ほど紹介していくことにする。

読解力の危機が学力低下を招く

日本の子どもたちの学力は、世界のトップクラスにあるといってよいが、世界の国々との比較において、ときどき順位を落として「学力の危機」と騒がれることがある。それが、二〇〇三年および二〇一八年の読解力低下の危機と言われるものだ。学力の国際比較データとしてよく参照されるのが、経済協力開発機構（ＯＥＣＤ）が二〇〇〇年から三年ごとに各国の一五歳（日本では高校一年生）を対象に実施している学習到達度調査「ＰＩＳＡ」である。ＰＩＳＡでは、わかりやすく言えば、数学、科学、読解力の三つの能力をテストによって測っている。

日本の子どもたちについて読解力の危機と騒がれたのは、二〇〇〇年の八位から二〇〇三年の一四位と大きく順位を落としたときだった。その読解力低下の衝撃が、ゆとり教育の見直しにつながっていった。その後、読解力に関しては改善がみられ、世界のトップ水準を維持していたが、二〇一八年の結果により、日本の子どもたちの読解力の低下の危機が改めて注目されることとなった。日本は、数学（六位）と科学（五位）はこれまで同様に世界のトップ水準を維持したが、読解力は二〇一五年の八位から一五位に大きく順位を落としたのだ。だが、こうした国際比較の順位に一喜一憂するよりも、学力の実態に目を向けることが大切だ。

この学力調査において出題された読解力の問題の一部が公表されている。実際の問題と正解、そして正答率をみてみよう。問題文そのものは長くなるので省略するが、書評の体裁をとる問題文の中から、以下の五つの文がそのまま抜き出されており、それぞれの文が「事実」であるか「意見」であるかを問うものである。

①本書には、自らの選択とそれが環境に与えた影響によって崩壊したいくつかの文明について書かれている。

②中でも最も気がかりな例が、ラパヌイ族である。

③彼らは有名なモアイ像を彫り、身近にあった天然資源を使ってその巨大なモアイ像を島のあちこちに運んでいた。

④一七二二年にヨーロッパ人が初めてラパヌイ島に上陸した時、モアイ像は残っていたが、森は消滅していた。
⑤本書は内容がよくまとまっており、環境問題を心配する方にはぜひ読んでいただきたい一冊である。

正解は、①③④が「事実」、②⑤が「意見」である。

これがすべてできて正解とするが、正答率は日本が四四・五%、OECD平均が四七・四%であり、日本の正答率はOECD平均よりもやや低かった。ここでは国際比較よりも、日本の子どもたちの半数以上が間違えていることに着目すべきだろう。

この五つの文は、本文からそのまま抜き出されたものなので、内容が正しいかどうかを細かく検討する必要はない。その文が「事実」を記したものなのか、それとも「意見」を記したものなのかを判断すればよいだけである。
①③④には客観的な事実が記されており、②⑤には「最も気がかりな例が」とか「内容がよくまとまっており」「ぜひ読んでいただきたい」などと意見が記されているのは、

読めばすぐにわかるはずだ。それにもかかわらず、高校一年生の半数以上ができないのである。これは、まさに読解力の危機と言うべきだろう。

中学や高校の先生は、生徒たちにこの程度の読解力があることを前提に授業をしているのだろうが、半数以上の生徒たちの読解力がこのような状況にあるとするなら、授業中の先生の解説を理解できない生徒がかなりいるはずである。そのような生徒は、教科書を読んでも、書かれている内容をなかなか理解できないのではないだろうか。

今の中学生の多くが教科書を読めていないという衝撃的な事実を明らかにしたのは、人工知能の研究者新井紀子《のりこ》である。人工知能は、膨大なデータを覚え、蓄積されたデータから傾向をとらえるのは得意だが、文章の意味がわからない。つまり、問題の意味を理解して解答しているわけではなく、確率論的に解答しているにすぎない。それにもかかわらず、八割の高校生が人工知能よりも成績が悪いことに疑問を抱いた新井が、読解力に関する学力調査をしたところ、中学生の約二割は教科書の文章の主語と目的語が何かという基礎的読解ができず、約五割は教科書の内容を読み取れていないということが判明したのだ（朝日新聞、二〇一六年一一月九日付）。

教科書というのは平易な文章で構成されているものだが、その文章を読んでも理解できない生徒が半数もいるのである。日本人なのだから日本語で書かれた文章は理解できているはずと思ったら大間違いで、じつは多くの中学生が、日本語で書かれた教科書も日本語でしゃべる先生の解説も理解できていないかもしれないのだ。これは衝撃的な発見と言わざるを得ない。

ここで新井たちが中高生に実施した「基礎的読解力」調査の問題の一部とその正答率をみてみたい（新井紀子『AI VS. 教科書が読めない子どもたち』東洋経済新報社より）。

これをみると、今の子どもたちの読解力がいかに危機的な状況にあるかがわかる。

［問題］

「仏教は東南アジア、東アジアに、キリスト教はヨーロッパ、南北アメリカ、オセアニアに、イスラム教は北アフリカ、西アジア、中央アジア、東南アジアにおもに広がっている。」

この文脈において、以下の文中の空欄にあてはまる最も適当なものを選択肢のうちから一つ選びなさい。
オセアニアに広がっているのは（　　　　　　　　）である。
①ヒンドゥー教　②キリスト教　③イスラム教　④仏教

問題文を読めば、正解は②のキリスト教だということは容易にわかるはずだが、正答率は中学生で62％、高校生で72％となっている。中学生の四割近く、高校生の三割近くが、この文の意味を読み取れなかったのである。

［問題］
「Alexは男性にも女性にも使われる名前で、女性の名Alexandraの愛称であるが、男性の名Alexanderの愛称でもある。」
この文脈において、以下の文中の空欄にあてはまる最も適当なものを選択肢のうちから一つ選びなさい。
Alexandraの愛称は（　　　　　　　　）である。

①Alex　②Alexander　③男性　④女性

正解は①のAlexである。これも容易にわかりそうなものだが、正答率は中学生で38%、高校生で65%となっている。高校生でも三人に一人、中学生に至っては六割以上が、この文の意味を読み取れなかったのである。

長い文章を読むわけではなく、わずか一文を読むだけである。そこに答ははっきり書いてある。それにもかかわらず、正答できない生徒がこれほどいるのだ。そうなると、教科書を読んでも先生の解説を聴いても内容を理解できない生徒が相当数いるものと思わざるを得ない。そのような状態で予習するように言っても、外国語の文章を読ませるのと同じようなことになってしまい、なかなか効果が出ないだろう。やはり何とか読解力を高める工夫が必要である。そこでカギを握るのが読書である。

なぜ読書によって学力が高まるのか？

どんな科目の教科書も日本語によって書かれており、どんな科目の先生の解説も日本語で話されることから、学力を高めるには日本語の語彙力や読解力を高める必要があるのは当然のことと言える。

第一章で簡単に触れたが、読書と語彙力の関係については、多くの調査研究が行われているが、就学前の幼児を対象とした調査研究、小学生を対象とした調査研究、中学生や高校生を対象とした調査研究、大学生や大学院生を対象とした調査研究、どれをみても読書量が多いほど語彙力が高いといった傾向が一貫して示されている。

読書すれば多くの言葉に触れることになるので、読書によって多くの言葉に触れている子と、読書をあまりせず日常の会話以外の言葉に触れる機会の少ない子では、獲得している言葉の数が違うのも当然である。

小学生のレベルを超えた語彙のほとんどは、話し言葉でなく書き言葉の中に出てくるものである。読書をすることで、日常会話では使わない言葉を獲得していくことができるが、読書せずに日常会話やSNSのつぶやき程度のやり取りくらいの言葉にしか触れていなければ、中学校以降の勉強で使われる抽象的な言葉を獲得する機会がなくなり、語彙は小学生レベルから増えていかない。

文章を理解するには語彙力とともに読解力も求められるが、読解力に関しても、第一章で簡単に触れたように、読書量が多い人ほど読解力が高いということが、多くの調査研究によって示されている。

心理学者の猪原敬介《いのはらけいすけ》たちは、小学校一年生から六年生までの児童を対象に、読書量と語彙力・読解力の関係についての調査研究を行い、読書時間や読書冊数、学校の図書室からの図書貸出数などから測る読書量が多い子ほど、語彙力も読解力も高いことを見出している。

言語学者の澤崎宏一《さわざきこういち》は、大学生を対象として、読書習慣と読解力の関係についての調査研究を行い、子どもの頃から現在までの総読書量が文章理解力と関係していることを明らかにしている。さらに、高校時代や大学時代の読書量より、小中学校時代の読書量の方が、大学生になったときの単文の読解力に強く関係していることを見出している。

ものを考える際には、頭の中を言葉が駆けめぐっている。このように言葉でものを考えるということ、そして本を読むことで語彙力や読解力が高まるということから言えるのは、読書することで思考力が高まるということである。思考はもっている言葉に制約を受ける。読書によって心の中に言葉を蓄積することが知的発達につながっていくのである。

本を読めばいろいろな言葉に触れることができる。知らない言葉に出会うこともあるだろうが、そのときは文脈を手がかりにその言葉の意味を推測して読み進めていくことになる。このような読解作業は知的鍛錬になる。

読書によって手に入るのは、言葉だけではない。たとえば、物語を読む際には、言葉の連鎖である文章から具体的な場面を思い浮かべているはずだ。大海原を航海している場面、山奥を探検し洞窟の奥の方に入っていく場面、宇宙旅行をしながら地球を眺めている場面、動物に囲まれて仲良く遊んでいる場面など、読解力と想像力を駆使して、言葉の連鎖から具体的場面を立ち上げることができなければ、物語を楽しむことなどできない。逆に言えば、本を読んで楽しんでいるとき、読解力や想像力が思う存分に駆使されているわけである。

小中高校時代に、便利な視聴覚映像で授業を受けてきたせいか、文章や口頭で手順を説明されてもきちんと理解できず、「すみません、言葉だけだとよくわからないので、わかりやすく図解してもらえますか」などと言う大学生もいるが、言葉の意味を理解し、その連鎖から具体的場面を思い浮かべる読解力や想像力が鍛えられていないのだろう。

それは、ものを考える際に大きなハンディになる。実際、読書をしない人が増えているせいか、口頭の解説や文章から実際に起きている事件の構図を具体的に思い浮かべられない人が多いために、テレビのニュース解説などで図解がよく使われるようになっている。こうすると健康にいいなどと科学的知識を嚙《か》み砕いて解説する番組でも、こんなことまで図解したり模型を使ったりしないといけないのか、そこまでやらなくてもよいのでは、と思わざるを得ないほど懇切丁寧な図解やモデルが使われたりしている。

しかし、実際の社会生活の場面で、たとえば取引先の担当者が提案書をもとに口頭で説明する内容がよくわからず、「すみませんが、おっしゃっていることがよくわからないので、提案書の内容をわかりやすく図解していただけますか」などと要求したら、いかにも使えない人物のように思われてしまうのではないか。勉強ができるようになるためにというだけでなく、社会生活を無事に送っていくためにも、読解力を高めておくことは大切だ。

読書を楽しむことは、論理面で想像力を働かせる鍛錬になるばかりでなく、情緒面で想像力を働かせる鍛錬にもなる。社会生活でも、国語などの勉強でも、人の気持ちに想像力を働かせる必要があるが、読書によって著者や登場人物の気持ちの描写に多く触れることで、人の気持ちに対する想像力が高まっていく。

このように、読書によって、ものを考えるためのさまざまな手段を手に入れることができる。かつては為政者が国民が本を読めるようになるのを恐れたり、横暴な経営者が従業員が本を読めるようになるための教育を受けるのを禁じたりしたことがあったが、ものを考えずに言われたとおりに動いてくれればいいと思っている権力者にとって、読書するという行為はそれほどまでに脅威だったのである。このことは、読書が思考力を鍛えるのに非常に大きな威力を発揮することの証拠とも言える。

このように読書習慣がさまざまな面で知的発達を促進することは明らかだが、それは最新の脳科学の研究によっても裏づけられている。

脳科学的手法で子どもたちの知的発達の研究を進めている川島隆太《りゅうた》と横田晋《すすむ》たちは、五歳から一八歳の子どもや若者を対象に、「あなたは、漫画や絵本を除く読書の習慣はついているほうだと思いますか」と尋ね、その回答を数値化し、同時にＭＲＩで脳の状態を測定しておき、それから三年後の脳の形態の変化を調べるという大がかりな研究を行っている。その結果、読書習慣の強さは、神経繊維の発達や言語性知能の向上と大きく関係していることが確認されたのだ。

読書習慣のある子は、言語能力に関係する神経をよく使うため、神経の連絡が密になり、言語能力に関係する領域の神経走行に変化が生じたと考えられる。それが言語性知能の向上につながっていた。読書が知的発達を促進するということは、心理学や教育学の多くの研究データで示されているが、脳画像によっても証明されたのである。

川島たちによれば、このような変化は大人になってからも生じるため、何歳になっても読書習慣によって脳の発達を促すことができることになる。

こうした脳画像のデータからも、読書が語彙力・読解力や想像力の鍛錬になるということからも、読書が学力を高めるための強力な武器になることは明らかである。これまで本を読む習慣がなかった場合は、これを機に少しずつでも読書習慣を身につけていくようにしたい。

おわりに

勉強ができる子は何が違うのか、わかっただろうか。「自分とはこういうところが違うんだな」と納得できたという人もいれば、「自分はとくに意識していなかったけど、こういうことをしてたから勉強が順調にいってたんだな」と気づいたという人もいるのではないか。

勉強の必要性を感じ、勉強ができるようになりたいという思いが強まると、勉強時間を増やすことばかり考えて、どうしたらもっと勉強時間を確保できるかに頭を悩ませがちである。でも、学び方のコツを体得しないままにがむしゃらに机に向かっても、なかなか成果に結びつかない。

では、どうしたらよいのか。この本では、学ぶ力を三つの基本要素によってとらえることにした。それが認知能力、非認知能力、そしてメタ認知能力である。この三つの能力をそれぞれ鍛えることで、学び方は飛躍的に向上していくはずである。それぞれに一章をあてて、かなり具体的にその心理メカニズムを解き明かし、どうしたら効果的な学習にすることができるかのヒントを示してきたので、学ぶ力のイメージはつかめただろう。

効果的な学習法についての知識を得たとしても、それを習慣化するには時間がかかる。でも、勉強のコツが何となくつかめたと思ってもらえたら、著者としてはうれしい。その思いが新鮮なうちに、ぜひ自分なりの効果的な学習法を工夫し、実践してみてほしい。

最後に、本書をまとめる機会を与えてくれた筑摩《ちくま》書房の北村善洋さん、そして編集を担当してくれたちくまプリマー新書編集部の鶴見智佳子さんに、心からお礼を申し上げたい。

二〇二三年九月一日

榎本博明

chikuma primer shinsho

ちくまプリマー新書439

勉強《べんきょう》ができる子《こ》は何《なに》が違《ちが》うのか

二〇二三年十一月十日　初版第一刷発行
二〇二四年 七 月十五日　初版第三刷発行

著者　榎本博明（えのもと・ひろあき）

装幀　クラフト・エヴィング商會
発行者　増田健史
発行所　株式会社筑摩書房
東京都台東区蔵前二-五-三　〒一一一-八七五五
電話番号　〇三-五六八七-二六〇一（代表）
印刷・製本　中央精版印刷株式会社
ISBN978-4-480-68464-6 C0237 Printed in Japan